KB168263

고객 여러분께 안내 말씀 드리겠습니다

창의적인 사람들로부터 **원하는 결과**를 얻는 **비결**

고객 여러분께 안내 말씀 드리겠습니다:

창의적인 사람들로부터 원하는 결과를 얻는 비결

지 은 이 | 바니 시글러
옮 긴 이 | 문형진

펴 낸 날 | 2020년 5월 15일 초판 1쇄

책임편집 | 김준균

펴 낸 이 | 차보현
펴 낸 곳 | ㈜연필
등   록 | 2017년 8월 31일 제2017-000009호
전   화 | 070-7566-7406
팩   스 | 0303-3444-7406
이 메 일 | editor@bookhb.com(편집부)
         bookhb@bookhb.com(영업부)

ISBN 979-11-6276-654-5 03320
* 잘못된 책은 구입하신 서점에서 바꾸어 드립니다.

DEAR
CLIENT,

고객 여러분께 안내 말씀 드리겠습니다

창의적인 사람들로부터 **원하는 결과를** 얻는 비결

바니 시글러 지음

문형진 옮김

연필

재능이 있는 사람들을 고용한 후, 그들에게 해야 할 일을 말해주는 것은 어찌 보면 참 이상한 일이다. 우리가 재능 있는 사람들을 고용하는 이유는 그들이 우리에게 무엇을 해야 하는지 알려주기 때문인데 말이다. _스티브 잡스

어떤 것을 디자인하는 일은 단순하게 조합하고, 배열하고, 수정하는 일보다 훨씬 정교한 일이다. 그것은 가치와 의미를 부여하고, 조명하고, 단순화·명료화하고, 극적인 요소를 더하여 설득하고, 재미까지 부여하는 작업일 것이다. _폴 랜드

궁극적인 성공을 위한 세 가지 방법이 있다. 첫째는 친절해지는 것이고, 둘째도 친절해지는 것이고, 셋째도 친절해지는 것이다. _로저스 씨

머리말

내 생애 첫 그래픽디자인 회사였던 '넘버17'을 설립한 지 겨우 5년 정도 지났을 무렵, 그 유명한 오프라 윈프리(!)로부터 의뢰가 들어왔다. 그녀에게 아주 각별한 책 한 권을 디자인하라는 것이었다. '〈비러브드〉를 향한 여정'이라는 제목이 붙은 그 책은 영화 '비러브드(Beloved)'를 촬영할 당시에 기록한 일기와 영화장면 속의 아름다운 사진들을 모아 만든 것이었다.* 솔직히 말해서, 우리는 조마조마한 마음으로 작업을 시작할 수밖에 없었다. 그 책에 대한 그녀의 열정이 너무 과해 보였기 때문이다. 개인적으로 깊은 의미를 가지는 작업을 하

---

*(역자 주) 토니 모리슨의 소설 〈Beloved, 1987년〉을 원작으로 만들어진 같은 제목의 영화 (1999년). 조나단 드미 감독, 오프라 윈프리, 대니 글로버 주연.

는 경우, 고객들이 전문가의 객관적인 의견을 잘 따르지 않는 것은 이미 이전의 경험들을 통해 배운 터였다. 더더군다나, 원하는 것은 뭐든 할 수 있는 막강한 재력에 까다로운 완벽주의자라는 명성까지 갖춘 오프라 윈프리였으니 말이다.

디자인의 초안을 보낸 뒤 우리는 아마도 단번에 거절당하거나, 어떤 자세한 설명도 없이 그저 이곳저곳을 수정해 달라는 포스트잇만 잔뜩 도배된 채로 돌려받을 것이라고 예상했다. 그녀의 비서가 전화로 "잠시만요! 오프라 씨를 바꿔드릴게요."라고 말하거나, 혹은 그녀의 의견을 문자 그대로 대신 전달해줄 순간만을 떨리는 마음으로 기다렸다. 그랬던 만큼 오프라 윈프리가 우리에게 직접 전화를 걸었을 때, 우리가 얼마나 기쁘면서도 놀랐을지 한번 상상해보라. 다행히 상황은 좋은 쪽으로 흘러갔다. 그녀는 해야 할 것을 우리에게 통보하는 대신, 우리가 디자인한 여러 가지 선택지에 대해 질문했다. 그리고 우리의 답변을 경청했고, 대화는 계속 이어졌다. 그녀는 우리의 설명을 듣고 나서 일부는 받아들였으며, 몇몇 부분에는 동의하지 않았다. 그러나 우리의 작업이 (곧, 그녀의 작품이) 성공적으로 마칠 수 있는 기회를 그녀가 제공했기에, 우리의 관계는 돈독해졌다. 그렇게 완성된 책은 평단으로부터 찬사를 받았다. 무엇보다 저자가 원했던 것들이 잘 표현되었고, 덕분에 저자 또한 완성된 작품을 소중하게 여길 수 있었다. 우리가 그랬던 것처럼.

오프라 윈프리를 우리가 기대하지도 않았던 이상적인 고객이었다고 말한다면, '그 해의 진상 고객' 후보로 떠오른 다른 유명인도 있었다(이름은 결코 밝힐 수 없다!). 우리와 의견을 주고받으면서, 그녀는 우리의 작업 방향에 대해 매우 만족하고 있다고 말했다. 그러나 바로 다음 날, 그녀의 관계자는 우리에게 전화를 걸어, 유명인사인 그녀가 우리의 디자인을 좋아하지 않는다고 전했다. 어리둥절할 수밖에 없었다. 게다가 우리에게 사진들을 보내면서 실현 불가능한 방향으로 재수정해줄 것도 요구했다.*

더 나쁜 소식은, 2차 시안 작성에 참고할 만한 답변을 우리

---

* 실제로 흔히 벌어지는 일이다. 그래서 TV와 영화들이 못마땅하다. 그 두 산업은 주기적으로, 흐릿한 사진 한 장을 가져와, 그 안의 아주 작은 부분을 아무렇지도 않게 줌-인해서 즉각적으로 완벽하게 만들 수 있다고 착각하게 만든다.

에게 보내는 대신, 우리의 시안을 말 그대로 조각조각 내어 그녀의 생각대로 이어 붙여서 보냈다는 것이다. 돌아온 것은 혼돈과 혼란뿐이었다. 혀가 굳어져 버린 것은 말할 것도 없고, 우리 몸은 불구가 된 듯했다. 하지만 우리의 할 일이었기에 어쩔 수 없다는 마음으로 계속 작업해 나갔다. 그녀의 오려 붙임 속에 있는 쓸 만한 요소들을 추려내고, 납득이 되지 않는 것들을 바꾸었다. 이런 작업들은 예산을 낭비하게 만들고, 일정을 미뤄지게 하고, 양쪽 모두에게 불평 가득한 불행한 사람들만 만들어낼 뿐이다. 이 불쾌한 과정이 끝나고 나서야 그 프로젝트는 본래의 준수한 모습을 되찾았다. 정말 작은 기적이라 부를 만한 사건이었다.

어떤 고객이 되고 싶은가?

디자이너들은 모이면 언제나, 힘들게 했던 고객에 대해 불평을 늘어놓곤 한다. 어느 디자이너에게나 힘들게 하는 고객 하나쯤은 있다. 긍정과 기대로 날아올랐던 관계들은 나쁜 감정으로 추락해 버리고 만다. 높은 자존심과 일관성 없는 주장은 관계에 있어서 부정적인 방향으로 강력한 힘을 발휘한다. 똑똑해 보이고 싶어 하는 몇몇 고객들은 질문하는 것과 멍청해 보이는 것을 혼동하여 자신들이 그렇게 보일까봐 질문하지 않는다. 아니면 정답을 이미 알고 있어야 한다고 생각한다. 또 어떤 고객들은, 우리가 그들을 위해 일하는 것이므로, 옳지 않은 의견일지라도 고객이 원한다면 그저 따라야 한다고 믿는다. 창작 과정의 어려움을 이해하지 못하는 이들도 있다. 그것이 건축이든, 디자인 혹은 광고문구이든, 혹은 말 그대로 과학보다는 예술에 더 가까운 전문직 작업이든 상관없다. 그런 모든 생각들은 창의적인 과정을 방해하고 우리가 역량을 펼칠 기회를 제거해 버린다.

한편으로 동시에, 우리는 고객들을 사랑한다. 당연한 말이지만 우리에게는 고객들이 필요하다. 우리가 사랑하는 일을 맡겨주는 사람이니 말이다. 순수 예술가는 어떤 것이든 자유롭게 할 수 있는 텅 빈 종이를 좋아한다. 상업 예술가는(지금은 철 지난 표현이라는 것 안다.) 창의적인 간결함을 좋아한다. 나는 25년째 회사를 운영하고 있다. 비록 몇 년 전에 파트너와 회사를 (평화적으로) 분리했고, '넘버17'에서 '8½'로 이름을 바꾸었지만 말이다(지금의 회사 이름이 참 그럴싸하지 않은가?). 나는 내 일을 사랑한다. 무엇인가 위대한 것을 만들어내기 위한 그 과정, 그 혼돈, 그 불안, 그 열망과 기회 모두 말이다. 때때로, 계획된 목표를 완료하는 것만 원하는 고객들의 눈에는 우리가 고객보다는 맡겨진 업무를 빨리 끝내는 데에 더 신경 쓰는 것처럼 보일 수도 있다. 그러나 우리는 자주 고객이 알아채지 못할 수도 있는 세세한 것들에 집착함으로써 많은 즐거움을 느낀다. 물론, 우리가 고객을 거슬리게 하고… 고집불통이며… 불손하고… 감정적으로… (계속 나열할 수 있다!) 될 수 있다는 것도 알고 있다. 몇몇 고객들은 그들 스스로 이 일을 해낼 능력이 있었으면 좋겠다는 충동을 느낄 거라는 것도 이해한다. 그렇게 할 수만 있다면, 우리와 실랑이를 벌일 필요도 없을 테니까.

그러나 우리에게 고객이 필요한 만큼, 고객에게도 우리가 필요하다. 창작의 과정은 그저 해결과제를 주고 결과를 얻어내는 종류의 일이 아니다. 그 과정에는 많은 세부 구간이 있다. 그리고 그 여정의 모든 부분은 집중과 정성을 필요로 한다. 또, 서로의 관계가 중요한 만큼 협업의 역할도 무척 크다. 서로의 노력이 많이 필요한 부분이다. 그동안 나를 힘들게 했던 고객들이 머저리도, 얼간이도, 멍청이도 아니라는 것을 깨닫게 된 지 적지 않은 시간이 흘렀다. 그들은 그저 창의적인 작업자들과 어떻게 일해야 하는지를 몰랐을 뿐이다. 안타깝게도, 그렇게 끊임없이 생기는 관계의 단절은 언제나 계획 차질과 실패로 이어진다.

바로 이것이 이 책이 다루고자 하는 주제이다. 내가 더 이상 고객들에 대해 불평하지 않겠다고 결심하고 얼마 지나지 않아 내 머릿속에서 떠오른 아이디어로, 아티커스 핀치*가 "그 사람의 관점에서 생각해보기 전까지는 그 사람을 절대 제대로 이해할 수 없다."라고 말한 것과 같은 맥락인 것이다.

아이러니하게도, 디자이너들을 위한, 고객과 좋은 관계를 유지하는 방법을 제시하는 책들은 이미 많이 출판되었다. 순

* 소설 『앵무새 죽이기』에 등장하는 백인 변호사

조로운 작업 과정을 위해 우리 대부분은 고객을 이해하려고 노력한다. 하지만 디자이너들은 그들만의 고유한 언어를 가지고 있는 독특한 부류의 사람들이고, (불안함은 누구에게나 공통이겠지만) 내가 아는 한, 디자이너에 대해 고객들의 이해를 돕는 책은 없다. 그들의 언어를 알아듣고, 그들의 주관적인 개념들을 이해하는 것은 마치 외국 여행을 준비하는 것에 비유할 수 있을 것 같다. 당신이라면 일본어 몇 마디를 배우지 않고 도쿄를 여행하려 하겠는가? 먹을 수 있는 메뉴를 골라 주문을 확실히 했는지 알고 싶을 것이고, 또 호텔로 돌아가는 과정에서 길을 잃고 방황하고 싶지 않을 것이다. 이 책은 디자인 작업을 이해하는 과정에서 길을 잃지 않도록 당신을 안내하기 위해 만들어졌다.

『고객 여러분께 안내 말씀 드리겠습니다』는 창의적인 작업자들과 어떻게 소통하는지를 알려주기 위해 만들어진 책이다. 비록 나는 그래픽 디자이너의 시각에서 소통에 관한 해결책을 찾기 위해 접근하겠지만, 나 또한 작은 기업을 운영하는 대표이기에, 아마도 창의적인 작업을 위한 협업 대부분에 적용 가능한 조언이라고 믿는다. 나의 고객은 예능프로그램 SNL(Saturday Night Live)부터 정부 차원의 조직(911 세계무역기구 참사기념박물관), 또 포춘 500컴퍼니(스캇-미라클-그로)까지 다양하다. 우리 회사는 분명히 고객에게 서비스를 제공하는 회사이다. 그러기에, 모든 고객이 불확실함이나 불편함을 느끼지 않도록 하고, 디자인 작업자들과의 마찰을 방지하고, 고객들의 걱정을 덜어주고 작업 과정 속에서 기쁨을 가질 수 있게 돕는 것이 나의 목표이다.

결국, 우리는 같은 편인 셈이다! 우리가 원하는 것은 다르지 않다! 그리고 그것은 분명히 즐거운 일이어야만 한다! 창의적 작업자들과 같이 일하는 것은 당신의 삶에 있어서 가장 즐거운 일 중 하나가 될 것이다. 더 멋진 로고를 만들고, 꿈꿔온 이상적인 부엌을 구상하며, 홈페이지를 재창조하는 그 과정을 알아간다는 것은 아주 신나는 일이어야만 한다. 우리가 함께라면, 무에서 유를 창조해낼 수도 있고, 꿈같은 일을 현실이 되도록 만들어볼 수도 있다. 당신이 하고 있는 다른 업무에 비해서 더 재밌을 것같이 느껴지지 않는가? 군이 이 과정에서 즐거움과 감사를 누리지 않아야 할 다른 이유가 있을까?

이 책은 당신을 위한 책이다. 예산을 절약해주고, 시간 낭비를 줄여줄 것이며, 더 나은 성과를 얻을 수 있도록 당신의 사업을 도와줄 책이다. 또한, 원치 않는 흰머리가 생기는 것을 방지해줄 것이고, 심장마비의 위험성도 낮춰줄 것이다.

포기자들이여,

이 책은 이상적인 이야기를 위한 꿈과 희망을 담고 있다. 물론 현실 세계에서 드문 일이기는 하다. 하지만 가능만 하다면, 정말 마법처럼 아름다운 일이 될 수 있다. 나는 이 책을 통해, 함께 일하는 관계를 어떻게 만들 수 있는지에 관해 말하려고 한다. 세상에 완벽한 사람이 있을 수 없듯이, 완벽한 관계라는 것은 없다. 하지만 시도는 계속해볼 수 있지 않을까?

1.
창의적 작업자에
관한 것들

Dear Client:

This Book Will Teach
You How To Get What you Want
from Creative People

누군가 우리에게 이 일을 하는 이유는 묻는다면, "하지 않을 수 없기 때문에."라고 말할 것이다. 그러니까 열정이자 숙명인 셈이다. 사실, 사랑하는 일을 직업으로 가질 수 있다는 것이 참 다행이다. 하지만 고객들은 우리가 하는 작업의 가치에 대해 의문을 가지기도 한다. 그것도 우리가 바라는 정도보다 훨씬 자주 말이다. 이런 의문은 다양한 방법으로 우리에게 전달된다. 소요된 작업 시간에 대한 요금이 적절한지 의문을 나타내기도 하고, 혹은 비용을 지불하지 않는 경우도 있다. 그러나 어떤 의미에서든지, 상처와 좌절을 주는 건 확실하다.

창의적인 작업은 보통 이상의 섬세함을 요구하는 작업일 경우가 더 많다. 그러한 특별한 특성들이 훌륭한 작품을 만드는 데에 큰 역할을 하기 때문이다. 그런데 이런 특성들은 신뢰와 긍정적인 마인드를 가지고 있는 사람들과 같이 일할 때에 더 효과적으로 나타난다. 비록 창의적인 작업 대부분이 문제를 해결하는 과정이기는 하지만 고객들과의 관계도 큰 비중을 차지한다. 만약, 당신이 열정적이고, 적극적이며, 긍정적이고, 열린 마음을 가지고 있다면, 우리도 그렇게 될 것이다(분명히 말하지만, 이런 모든 것들을 가지고 있으면서도 우리의 작업을 예리하게 비판할 수 있다.). 그리고 만약 의심이 많고, 감정적이고, 인색하다면, 우리도 당신의 행동에 따라 반응할 수밖에 없다. 우리의 방어벽은 높아질 것이고, 작업에 쏟아야 할 우리의 열정은 식을 것이다. 이러한 것은 감정적인 대응이 아니다. 인간의 자연스러운 반응일 뿐이다.

2.
정직해야
하는 이유

Dear Client:

This Book Will Teach
You How to Get What You Want
from Creative People

예전에 우리의 작업을 정말로 좋아해주던 고객이 있었다. 서로 만나서 의견을 나누는 동안은 말이다. 그러나 다음 날, 그는 우리에게 전화를 걸어, 생각해보니 마음이 바뀌었다고 말했다. 작업 어느 부분도 맘에 들지 않는다고 했다. 이 사건은 우리로 하여금, 서로가 만나서 의견을 나눌 때 그의 말을 신뢰하지 못하도록 만들어 버렸다. 참 안타까운 일이었다.

진실을 말하라. 우리는 받아들일 수 있다. 설사 우리가 동의하지 않는다 하더라도, 당신의 비판을 존중할 것이다. 그리고 만약 당신의 의견을 우리가 이해하게 된다면, 우리 모두가 납득할 만한 절충점을 찾을 것이다.

모든 창의적인 작업 과정을 통틀어, 정직함은 상처가 되기보다는 도움이 되는 경우가 더 많다(가끔은 정말 뼈를 맞은 듯 아프다.). 따라서 배려와 친절, 존중과 정중함을 가지되 이런 것들이 소통에 방해하지 않도록 프로다운 의식을 가지는 것이 좋다. 당신이 정말 어떻게 생각하는지, 어떻게 느끼는지 우리에게 정직하게 말해야 한다.

예산에 대하여 정직하게 말하라

일정에 대하여 정직하게 말하라

회사의 독특한 일처리 방식에 대해서 정직하게 말하라

문제가 많은 동료가 있다면 정직하게 말하라

당신의 개인적인 취향에 대해 정직하게 말하라

직장 상사의 우선순위에 대해 정직하게 말하라

이 작업에 대해 가지고 있는 두려움에 대해 정직하게 말하라

꼭 해내야하는 것들에 대해 정직하게 말하라

당신의 꿈과 희망에 대해 정직하게 말하라

좋아하는 것에 대해 정직하게 말하라

싫어하는 것에 대해 정직하게 말하라

알고 있는 것과 모르는 것들에 대해 정직하게 말하라

우리가 누구를 만족시켜야 하는지에 대해 정직하게 말하라

모든 것에 정직해야만 한다. 왜냐면 그런 조건에서야말로 최상의 작업이 이루어지기 때문이다. 그렇지 못한 상황에서

는 시간과 정성, 신뢰의 불필요한 소모만 발생할 뿐이다.

나는 지금 사실을 말하고 있는 것이다.

3.
너 자신을 알라

Dear Client:

This Book Will Teach
You How to Get What You Want
From Creative People

■ **당**신의 취향은 우리 작업에 아주 큰 부분을 차지한다. 따라서 당연하게도 그것을 파악하기 위한 노력이 필요하다. 종종 있는 일이지만, 내가 의뢰인들에게 어떤 스타일의 디자인이 가장 끌리는지 물었을 때, 생각도 해본 적이 없다고 답하는 경우가 있다. 그러나 누구에게나 취향은 있기 때문에, 그것에 대해 잘 알수록 창의적 작업 중에 자신감 있게 판단을 내리게 될 것이다.

당신이 선호하는 것을 알아내는 일들은 (예를 들면, 미소 짓게 하는 것들, 기분 좋게 만드는 것들, 관심을 끌어내는 것들은) 창의적 협업에 엄청난 도움이 된다. **당신의 개인적인 취향에 대해 더 잘 알수록, 작업 과정 속에서 더 유익한 의사소통이 이루어질 것이다.** 물론, 당신 개인의 취향과 회사의 필요가 다를 수도 있다. 하지만 전자를 분명히 이해할수록, 후자를 위한 당신의 의견을 다른 이들에게 이해시키는 데에 도움이 될 것이다.

따라서 창의적인 작업자들로 이루어진 팀과 일을 시작하기 전에, 당신이 좋아하는 것과 싫어하는 것에 대해 주의를 기울

여보는 것으로 시작하자. 지난 하루를 되돌아보는 것처럼 말이다.

주위를 살펴보자. 슈퍼마켓의 선반들이나 상점, 거리, TV 속의 장면들을. 왜 끌리는지에 대해서는 걱정하지 말고, 그냥 메모해 두자. 인터넷을 사용할 때, 당신을 미소 짓게 만드는 것들에 집중하라. 페이스북의 '좋아요' 버튼을 누르는 것이 즐거운가? 초대형 사진에 자꾸 눈이 가는가? 아니면 간단명료한 문구 하나가 맘에 드는가? 어쩌면 당신은 구글 크롬 브라우저의 "페이지를 찾을 수 없습니다."에서 튀어나오는 공룡게임 같은 숨겨진 깜짝쇼를 좋아하는지도 모른다(혹시 모르는 사람은 검색해보라.). 잡지들을 훑어보며, 눈에 들어오는 광고나 페이지 구성이 있다면 오려내어 간직하라. 마치 잡지들을 예쁜 보석들이 들어 있는 상자처럼 여겨보라.

이제는 시선을 돌려 브랜드 담당자의 관점이 되어보자. 당신이 보기에 성공적으로 브랜드 이미지를 표현해내는 것들을 찾아보라. 개인적인 취향으로 고르지 말고, 제품과 광고 화보가 제법 잘 어울린다고 생각되는 것들을 말이다. 고객들의 관심을 좀 더 효과적으로 끌 만한 비주얼(그림)과 메시지(단어)를 가졌다고 생각되는 브랜드들을 찾아보라.

그다음으로, 경쟁사를 공부해보고 어떤 전략을 펼치는지, 어떤 것에 중점을 두는지, 그렇지 않은 것은 무엇인지 분석해보라. 무엇이 당신을 부러워하도록 만드는가? 무엇이 당신을 놀라게 하는가? 그들은 무엇을 생각하고 있었을까? 당신의 프로젝트와 그들이 선택한 디자인들이 어떻게 관련이 되는지에 대해 생각해보라. 만약 그들의 제안을 본다면, 당신이라면 어떻게 반응했을지에 대해 생각해보라.

이런 연습을 통해서 특정 문제에 관한 잠재적인 해결책을 찾는 것이 아니라는 것을 명심하길 바란다. 단지 스스로의 개인적인 취향을 확인해보는 것이며, 그런 과정에서 우리가 좀 더 수월하게 당신에게 맞는 해결책을 찾을 수 있도록 돕는 것이다.

4.
자신을
시대의 대표로
만들라

Dear Client:

This book will teach
you how to get what you want
from Creative People

브랜드가 그 시대를 대표하는 아이콘이 되기까지는 많은 시간이 필요하다.

고객들이 종종 이렇게 말하는 경우가 있다. "우리는 애플이나 나이키처럼 즉각적으로 알아볼 수 있는 로고를 원해요!" 정말로 그들은 크게 성공한 브랜드들의 목록에 들어가고 싶은 것 같다. 그러나 자기 위치를 확고하게 구축한 브랜드들과 같은 멋진 로고를 원하는 많은 사람들이 간과하고 있는 사실이 있다. 그러한 브랜드 이미지들은 결코 단시간에 만들어진 것이 아니라는 것이다. **브랜드 이미지가 강력해지려면 많은 시간과 충분한 이미지 정착이 필요하다.** 다른 말로 하면, 처음으로 나이키 로고를 보았을 때에는 현재와 같은 긍정적인 반응을 하지 않을 수도 있다는 뜻이다. 엄밀히 말해 나이키의 로고가 운동화라는 이미지와 직접적인 연관이 안 느껴지기 때문이다. 어쩌면 당신은 부메랑 제조회사의 로고로 적절하지 않겠냐고 질문했을 수도 있고, 또는 교정부호 '√'처럼 보인다고 반응했을지도 모른다. 그러나 50년 가까이 지난 지금의 나이키 로고는 '휘익(Swoosh)~!'이라는 멋진 별명으로도 불리며 많은 사람들로부터 사랑받는 대표적 상표가 되었다. 그 높은 인기 너머에는 사용자들과의 깊은 친밀감, 지금의 이미지에 기여한 스포츠 영웅들, 그리고 어마어마하게 쏟아부은 마케팅 자본이 있다.

　야구 관련 상품에 관련해 최고의 브랜드 파워를 가지고 있는 뉴욕 양키스 로고에 대해 생각해보자. 비록 디자인 자체로만 본다면 스포츠 프로 팀보다는 결혼 청첩장에서나 어울릴 법한 글씨체이다. 개인적으로 볼 때, 못 만든 로고라고는 생각하지는 않지만, 만약 그 로고가 오늘날에 소개되었다면, 분명히 비판을 받았을 것이라고 생각한다. 그러나 이미 60년 이상의 역사를 가진 양키스 로고는 팬들의 애정이 더해져 그 팀의 정체성과도 같은 상징이 된 것이다.

5.
분명한 목적을
가져라

Dear Client:

당신이 사업 목표의 우선순위에 대해 명확하게 이해하는 것은 너무나도 중요하다. 우리와 작업을 시작하기 전에 그것들을 확실히 파악하는 시간을 갖는 것이 필요하다. 혹시 너무 당연한 것 아니냐는 생각이 드는가? 나는 실제로 잠재적 고객들과의 첫 상담 전화에서 작업하고픈 디자인의 목적을 받아 적지 못하고 대화를 마친 적이 셀 수 없이 많다.

성취하고픈 혹은 완성하고픈 것의 목록을 작성하는 것으로 시작하라. 판매 실적을 올리려고 하는 중인가? 아니면 상표를 더 멋있게 바꿔보고 싶은 것인가? 당신의 제품이 진열대에서 주목받기를 원하는가? 혹은 고급스럽고 화려한 인상을 주고 싶은가? 그 아이디어는 실시간 검색 1순위를 달성하기 위한 것인가?

대부분이 그렇듯, 당신에게도 많은 희망 사항이 있을 것이다. 하지만 모든 목적을 충족시킬 수 있는 디자인이란 존재하지 않는다. 가장 중요한 것을 고르고, 다른 것들보다 우선순위에 둘 수 있어야 한다. 목록의 길이는 어느 정도가 적절할까? 당신에게 세 개 이상의 1순위 목표가 있다면, 그 어떤 우선순위도 가지고 있지 않은 것이다.

이렇게 생각하는 방식은 당신과 협업하는 그 누구에게도 엄청난 큰 도움이 된다. 그리고 그들은 목적을 체계화하고 정리하는 능력이 뛰어난 사람이라고 당신을 여길 것이다.

존 스튜어트는 그가 진행한 〈The Daily Show〉의 성공 비결에 대해 "분명한 비전, 그러나 유연한 과정"이라고 설명했다. 그 두 개의 조합은 분명한 초점이 유지되는 조건하에 꿈이 현실이 되는 마법을 일으킨다. 모든 창조적인 작업에 있어서 꽤 좋은 출발점이 되는 것이다.

6.
누가
당신의
청중인가?

Dear Client:

This Book Will Teach
You How to Get What You Want
from Creative People

이 질문에 대해 생각해보기 전에 짚고 넘어갈 것이 있다. '모두'라는 말은 대답이 될 수 없다는 것이다(놀랍게도 정말 많은 고객들이 이 대답으로 시작한다.) 우선순위를 정해야만 한다. 그리고 희망하는 청중의 범위가 명확할수록, 더 나은 창조적 결과물이 나올 것이다.

따라서 당신이 겨냥하는 사람이 누구인가, 그리고 그 이유는 무엇인지 파악해야 한다. 당신의 브랜드를 한 번도 들어보지 못한 사람들을 대상으로 사업 영역을 확장할 예정인가? 아니면, 핵심 고객들을 놓치지 않기 위해 기존 고객의 관리에 더 집중할 계획인가? 당신의 제품, 서비스, 혹은 경험을 구매하려는 사람들과의 소통을 하려는 것인가? 혹은 실질적인 구매 결정권자들과의 접점을 찾으려는 것인가?

만약 위의 모든 질문에 그렇다고 대답한다면, 여전히 '모두'라는 문제에서 벗어나지 못하고 있는 셈이다. 원하는 고객층을 분별해내기 위해 (알아볼 수 있는) 그림을 그려보는 것은 어떤가? 내 생각에 이러한 목록 작성은 청중의 범위를 좁혀나

가는 것에 큰 도움이 될 것 같다. 만약 목표로 하는 고객이 가처분소득을 가지고 있거나, 대학에 재학 중이거나, 혹은 자녀들이 있다면, 그 '모두'라는 단어는 더 구체적인 대상으로 금방 바뀌게 될 것이다.

목표로 하는 고객층이 결정되었다면, 왜 그들을 고객으로 결정했는지에 대해서도 파악해야 한다. 그것은 당신의 최종 목표와도 깊이 연관되어 있고, 아주 바람직한 현상이다. 목적이 반복될 때에만 얻을 수 있는 것이다.

그리고 고려해야 할 또 하나의 청중이 있다. 바로 창의적 작업 과정 중에 결정권을 가진 사람들이다. 청중들이(당신을 포함해 직장 동료들, 스텝, 직장 상사들) 항상 당신의 선택에 협조적일 것이라고는 기대하지 않는 것이 좋다. 디자인은 언제나 주관적이다. 당신의 취향과 청중의 취향 차이를 알아두는 것이 모두에게 중요한 정보가 될 것이다. 문제의 해결책을 찾는 데에 깊이 연관되어 있다.

7.
모든 청중을
고려하라

Dear Client:

This Book Will Teach
You How to Get What You Want
from Creative People

창의적 작업에 있어서 두 가지의 인위적인 청중이 있다. 둘 다 문제 해결에 있어서는 그다지 효과적이지 않은 부류들이다. 하나는 업무적인 청중이다. 어떤 이유에서인지, 사람들은 사무적인 일들은 진지하고 감정 없이, 그리고 우리가 느끼기에 덜 창의적이고 재미가 배제된 것이라고 생각한다. 왜 그렇게 생각하는지 이해할 수가 없다. 사업상의 소비자도 평범한 광고 마케팅을 통해 날마다 마주치는 똑같은 사람들이다. 어쩌면 당신과 그들의 고용주에게 그들은 '사업상'으로 여겨질지는 모르지만, 그들도 우리와 마찬가지로 같은 광고 효과에 영향을 받는 인간이다. 따라서 우리가 느끼는 그대로 그들에게 전달하는 것이 옳다.

또 다른 인위적 청중은 작업을 마치기까지 관계된 회사의 내부자들이다. 심지어 수천 명의 직원이 일하고 있는 회사에서도 '내부적으로'라는 말은 덜 중요하다와 같은 뜻으로 사용하고 있다. 아이러니하게도 이 말은 보통 영감을 주거나 가르치기 위한 것이다. 내가 볼 때, 당신이 고려하고 있는 이 같은 청중들에게 작업을 공개하는 것은 낯선 사람들에게 말을 거는 것만큼이나 중요해 보인다.

그 어떤 청중이라도 정보를 받아들일 때만큼은, 즐거운 일이기를 바랄 것이다. 그리고 그렇게 만들기 위한 추가적인 노력은 항상 보답을 받는다.

8.
누가 결정권자인지
결정하라

Dear Client:

This book tells them
how much I value what I learn
from Creative People

오래전 우리는 9.11 세계무역기구 기념박물관의 새로운 정체성을 만들기 위한 프로젝트에 고용된 적이 있었다. 알다시피, 이런 종류의 일에는 결정에 있어서 중요한 역할을 하는 사람들이 있다. 예를 들면, 테러 사고의 유족들, 정부 공무원들, 박물관 감독들이다. 하지만 어떤 결정도 정해지지 못한 채로 수년이 흘러갔고, 결국 마이클 블룸버그 뉴욕 시장이 자진하여 결정권자의 역할을 하겠다고 나섰다. 그때부터 박물관 브랜드를 구축하는 과정은 매끄럽고 효율적으로 진행되기 시작했다. 나는 대부분의 사람들이 최종 디자인을 좋아했을 것이라고 확신한다. 그리고 그것이면 충분하다. 모든 사람들을 항상 만족시키는 것은 불가능에 가깝다고 믿기에, 대표 결정권자를 정하는 일이야말로 작업을 빨리 진행시킬 수 있는 방법이라고 생각한다. 비록, 열광하는 사람이 아무도 없을지라도, 딱히 거부감을 표현하는 사람이 없다면 그것만으로도 괜찮은 셈이다.

집단적 사고의 치명적 단점은 창의적인 작업에만 국한된 것이 아니겠지만, 나는 창의적인 협업에 있어서만큼은 특히 더 해가 된다고 확실히 말할 수 있다. 디자인이나 광고 카피, 비디오 등에 관한 결정은 주관적이기 때문에, 비전문적인 사람들일수록 그들의 의견을 말하는 데에 주저함이 없는 경향이 있다. 그리고 각각의 사람은 천성적으로 고유한 취향을 가지고 있기에, 대표자들에 의해 결정된 선택은 어느 정도 타협점을 필요로 하며 완벽한 만장일치를 이루기는 어려울 것이다. **비전이라는 것은 집단적 활동이 아니다.** 그래서 어찌 보면 집단은 더 나은 성과가 나올 수 있는 가능성을 불가피하게 방해하기도 한다.

최종 결정권자가 될 한 사람을(어쩌면 두 사람을) 고르라(이상적으로는, 우리가 협업에 참여하기 전에 이미 정하기를 바란다.). 그렇게 함으로써 권력을 얻은 최종 중재인(들)은 작업에 있어 중심축이 될 것이고, 그 과정이 매끄럽게 진행되도록 책임을 질 것이다. 그 한 사람이 1/10의 소유권을 가지고 있는 10명의 사람들보다 맡은 역할을 훨씬 더 진지하게 담당하게 될 것이다.

그렇게 진행하는 것이, 다른 사람들로부터는 피드백을 받을 수 없다는 뜻은 아니다. 좋은 협업에서는, 모두에게 대화의 기회가 공정하게 제공된다. 그러나 누구의 코멘트에 무게를 적절하게 실어야 작업을 진행해나갈 수 있는지 결국에는 우리 모두 알게 될 것이다.

일반적으로 결정권자의 역할을 정하는 것은 결정 승인 절차를 진행해나가는 것만큼 중요한 일이다. 이것을 작업에 참여하는 모든 사람들에게 분명히 해야 한다. 특히 우리에게는 더 중요하다. 우리에게 최악의 악몽은 '가짜 결정권자'이다. 언젠가, 우리 팀은 최종 결정권자라고 믿었던 사람의 마음에 들기 위해 발표와 피드백, 수정 및 보완을 수차례 진행한 적이 있었다. 하지만 그때 우리가 알게 된 사실은 아직 누구인지 정확히 밝혀지지 않은 또 다른 누군가가 최종 승인 결정권자라는 사실과, 그 사람은 완전히 다른 콘셉트를 염두에 두고 있다는 사실이었다. 우리에게 또 다른 승인 과정이 있었다는 것을 미리 알았다면, 우리의 노력과 시간을 그 계획에 맞춰서 할당했을 것이다. 하지만, 우리의 작업은 전혀 예상하지 못한 다른 방향으로 가게 되었다. 어떤 특정한 경우, 결정권을 가진 사람이 회의에 절대 참석하지 않는다는 것까지는 이해할 수 있다. 하지만 그럴 경우 당신은 그 사람이 누구이며, 그 사람에게 보여줄 것을 누가 결정하게 되는지를 우리에게 미리 알려주어야 한다. 그 정도의 상황은 어떻게 해볼 수 있기는 하다…. 사전에 그런 조건에 대해 우리가 알고 있다면 말이다.

9.
RFP를
보내지 말라

Dear Client:

This Book Will Teach
You How to Get What You Want
from Creative People.

RFP는 제안요청서(Request for Proposal)를 뜻한다. 그러나 나는 뻔하고 쓸모없는 서류 작업(Routinely Futile Paperwork)을 지칭하는 말이라고 생각한다. 많은 고객들이 일반적인 RFP를 보낸다. 그들의 회사가 모든 잠재적인 요건을 다 충족시키기 위함이다. 이해는 충분히 가지만, 창의적인 작업을 위한 협업자를 선정할 때는 이러한 RFP를 보내지 않는 것이 좋다.

RFP는 그저 헛수고일 뿐이다. 어떤 프로젝트의 성격이나 큰 그림을 온전히 이해하기 위한 정보는 하나도 없이 일방적으로 전달되는 경우가 대부분이기 때문이다. 그리고 어떨 때는 고객이 인격적인 소통보다는 서류를 통한 일처리를 더 선호한다는 거리낌마저 우리에게 가지게 한다. 긴 분량의 RFP는—그 프로젝트에 참여하는 모든 이들의 인적 사항들, 10개가 넘는 참고 사항, 수많은 페이지에 담긴 사례 연구 등—마치 우리에게 수많은 공문 절차를 밟게 될 것이라는 메시지를 보내는 것과 같다. 게다가 실제로는 원하는 정보는 제대로 주지도 않는다. 우리 팀에는 그다지 인상적이지 않은 경력을 가지고 있지만 그의 능력을 확실히 보여줄 줄 아는 25살짜리 천재 디자이너가 있다. RFP에는 그런 알짜 정보를 전달해주는 부분이 없다.

게다가, 제출된 RFP를 읽는 사람은 보통 최종 결정권자가 아닌 경우가 많다. 비슷한 맥락이지만, 창의적인 작업의 진행은 20페이지짜리 문서를 채우는 데 시간을 보내는 일하고도 거리가 멀다. 다시 말하면, 중대한 결정이 양쪽의 실무자들이 아닌 사람들에 의해 걸러지고 있다는 뜻이다. 사업에 있어서 절대 납득이 되지 않을 일이다. 만약 어떤 디자이너가 멋지게 정리된 두 페이지로 당신에게 확신을 줄 수 없다면, 20페이지라고 해도 별 소용없는 것이다.

그 대신, 나는 몇몇의 업체를 조사해볼 것을 추천한다(인터넷으로 간단히 할 수 있는 일이다.). 그리고 관심이 가는 업체들에게 적용할 만한 맞춤형 질문들을 준비하라고 말하고 싶다. 각각의 업체와 30분 정도의 면담을 가져라. 그리고 그것에 근거하여 결정을 내리는 것을 추천한다.

10.
브리프를
쓰기 위한
브리프케이스(서류가방)

Dear Client:

This Book Will Teach
You How To Get What You Want
from Creative People

리프(Brief)란 그 프로젝트의 목적을 요약한 것을 말한다. 그것은 당신을 포함해 모든 이들에게 프로젝트의 핵심 정보를 전달하고 상기시켜주는 역할을 한다(밖에서 고객들을 상담하는 디자인 컨설턴트들과 회사 내의 디자인 팀 모두 중요하게 고려해야 할 정보가 담긴 문서이다.). 기본적으로, 브리프는 우리가 작업하는 모든 일에 대한 개요(Synopsis)인 셈이다. 해결되어야 할 문제들이나 고려되어야 할 가장 중요한 목표나 측면을 말한다. 살짝 번거로운 숙제같이 느껴지겠지만, 그 가치를 톡톡히 해내는 일이다.

그러나 창의적인 작업자들에게 전달되기 전에, **그 브리프가 결정권을 쥔 의뢰자에 의해 충분히 동의된 것인지 확실히 하는 것이 매우 중요하다.** 반대로 말해, 작업이 시작되고 난 후에도 모든 이들이 핵심 사항을 놓고 여전히 논쟁 중이라면, 작업은 운동성을 잃고 우리를 낙관론자에서 냉소적인 사람으로 바꿔놓을 것이다. 게다가 비용도 더 들 수밖에 없다.

브리프는 꼭 형식을 갖출 필요는 없다. 조리 있는 수필 형

태도 좋고, 알파벳 순으로 나열해도 된다. 하지만 다음과 같은 질문들에 대한 답변은 반드시 포함하고 있어야 한다.

프로젝트에 있어서 도전이 될 만한 것은 무엇인가?

이 프로젝트를 왜 지금 시작하려 하는가?(당신의 관점으로 본 짤막한 배경 설명도 굉장히 큰 도움이 될 수 있다.)

어떤 것들을 목표로 삼았는가?

현재 상황은 어떠한가?

제1순위 청중이 누구인가?

그들에 대해 무엇을 알고 있는가?

당신의 제품이나 서비스의 특별함이 무엇인가?

당신이 생각하기에 가장 이상적인 반응은 세 가지를 형용사로 적어본다면?('아름답다'부터 '아하, 이제 이해가 가는군'까지의 어떤 것이라도 좋다.)

일정은 어떻게 되어 있는가?

구체적인 개발 상품(성과)들이 무엇인가?

기술적으로 혹은 법적으로 요구되는 사항은 무엇인가?

창의적 작업자들이 알아야 할 그 외의 사항들은 무엇인가?

당신의 꿈과 희망은 무엇인가?

목표는 얼마든지 바뀔 수 있다. 정상적인 현상이며 괜찮다. 모든 창의적인 작업은 과정(그래픽 디자인, 건축, 광고 카피)이 있고, 우리가 같은 출발점만 가지고 있다면 훨씬 더 매끄럽게 과정을 진행해 나갈 수 있을 것이다. 그리고 이렇게 하기만 한다면, 첫 면담에서 나눈 대화에 대해 그 누구도 자신들의 개인적인 기억력에 의존하지 않아도 된다(기억은 종종 틀릴 때가 있다.). 브리프 안에 다 포함되어 있을 테니까.

11.
나에게
해결책이 아닌
문제를 말해주세요

Dear Client:

This Book Will Teach
You How to Get What You Want
from Creative People

브리프(Brief)에 포함되지 않아야 할 것이 있다면, 바로 해결책을 제시하는 것이다. 그것은 우리가 해야 할 일이다. 이는 반드시 명심해야 할 중요한 것으로, 고객으로부터 이미 제시된 방향이나 해결책이 있을 경우, 그 생각을 잊어버리거나 벗어나기가 매우 어렵게 되고, 이로 인해 작업 팀의 생각이 제한되기 때문이다. 누군가가 "오! 그들은 이런 해결책을 원해요."라고 말하는 것을 듣고 싶지는 않을 것이다. 또 하나의 위험한 점은 우리의 아이디어가 당신의 제안에 거슬리는지 판단하게 된다는 것이다. 이 역시 자괴감을 들게 한다. 당신이 할 일은 그저 공적인 꿈과 희망을 우리와 나누면 되는 것이다.

12.
구매 결정(계약 결정)

Dear Client:

This Book Will Teach
You How to Get What You Want
from Creative People

만약 결정권을 가진 핵심 인물이 그 프로젝트의 목적, 겨냥한 청중이나 목표, 예산에 대해 같은 의견을 가지고 있지 않다면 어떤 협업도 힘난해질 수밖에 없다. 계약을 결정하는 시점은 당신이 창의적 작업자들에게 브리프를 제공하기 전에 정해져야만 한다. 모든 사람들을 한곳에 모이게 하는 것이든지, 서문을 보내 의견을 수렴하고 서명을 하게 하는 것이든지, 고객으로서 당신의 할 일은 **해결할 필요가 있는 문제에 대해 조직의 모든 사람들이 동의하는지를 확실히 하는 것이다.** 해결책을 만들어낼 누군가를 고용하기 전에 말이다.

**13.
경험이
전부는 아니다.**

Dear Client:

This Book Will Teach
You how to Get What You Want
from Creative People

우리와 함께 일할 여부에 대해 상담하고자 전화할 때, 정말 많은 것들에 대해 할 말이 있을 것이다. 이를테면, 우리의 작업 과정, 직원, 고객들, 업무 영역 등등.

그러나 절대 묻지 말아야 할 질문이 있다. "이런 일 해본 적 있나요?"가 바로 그것이다.

불행히도 우리들로서는 항상 듣는 말이다. 치약의 겉포장을 디자인해본 적이 있나요? 아니면, 인테리어 전문 웹사이트의 디자인에 관해 얼마나 많은 경험이 있나요? 이 같은 경우에 고객은 예외 없이 긍정적인 대답을 기대하고 있을 것이다. 우리가 유사한 문제를 이미 해결해본 적 있다는 것을 들음으로써 오는 안도감을 갖기를 원한다. 그러나 그건 큰 착각이다. 세 가지 이유에서이다.

1. 모든 해결책은 다 그만의 방식이 있다. 경쟁사 제품의 디자인이 마음에 드는가? 그 디자이너들이 어떤 경로를 통해 그들

의 아이디어를 구체화시켰는지에 대해, 혹은 그 고객이 왜 그 방향으로 선택을 한 것인지 알 방법이 없다. 당신에게 필요한 것을 만들어내기 위해서는 매우 다양한 접근법을 필요로 한다. 고객은 디자이너들의 협업자이고, 각 작업의 경험은 완전히 다른 것일 수밖에 없다. 함께 작업할 디자이너의 과거 작품과 경력을 전체적으로 바라보는 태도가 더욱더 중요하다. 그들이 어떻게 문제를 해결해 왔는지에 대해 말하려는 것을 들을 필요가 있다. 설사 그런 해결책들이 당신의 제품(욕실용품)과 전혀 상관이 없더라도 말이다.

2. 어떤 특정한 경험에 대한 집착은 상상력 결핍을(불신까지도) 나타내는 반증이기도 하다. 그리고 그것은 창의적인 문제 해결의 순리를 이해하지 못함을 보여주는 것이기도 하다.

3. 친숙함은 게으름을 낳을 수 있다. 한 가지 종류의 일만 주로 하는 디자이너들은 매번 비슷한 해결책들을 제시하는 경향이 있다. 그렇게 하면 안 될 이유는 없다. 어떤 고객을 만족시켰던 해결책이라면, 다른 고객도 또 만족시킬 수 있을 것이다.

그러나 당신은 특정한 필요를 충족시키기 위해 새롭고 참신한 아이디어를 만들도록 우리에게 요구해야 한다. 나에게는 그렇게 하는 것이 더 자연스러운 일이다(그래서 많은 사람들이 나를 좋아한다.). 개인적으로는 예전에 했던 일과 비슷한 일은 별로 재미를 느끼지 못한다.

그 말이 어떤 특정 분야의 경험이 다 나쁘다는 뜻은 아니다. 디자이너들이 당신의 일로부터 배우는 게 없을 것이라는 뜻이다. 다시 치약 겉포장으로 돌아와서, 포장 디자인 일을 해본 적이 있는 디자이너는 그 제품에 맞는 최적의 형태를 갖춘 템플릿이나 바코드 규제법을 파악해나가며 작업을 진행해 나갈 것이다. 그러나 정말 중요한 것은 창의성이나 판단력이다. 만약 그 디자이너가 실력이 있다면, 과거의 경력 유무와 상관없이 당신의 의뢰를 완벽하게 이행하기 위한 모든 사항을 배우게 될 것이다. 창의적으로 문제를 해결해나가는 것은 구글에서 검색하여 답을 찾는 것으로는 불가능한 것이다.

14.
어색하기
짝이 없는
첫 전화 상담

Dear Client:

The Secret that Teach
You How to Get What You Want
from Creative People

단하나의 업체를 정할 계획이든 아니면 10개를 생각 중이든, 협업을 고려 중이었던 디자인 전문가와의 첫 전화 상담을 떠올려보라. 당신의 의사소통 능력이 출중하다면 **훌륭한 파트너십의 좋은 첫걸음을 위한 씨앗을 심었다고 생각하면 될 것이다.**

가장 좋은 접근법은 당신의 회사와 프로젝트에 대해 폭넓게 이야기해 보는 것이다. 그동안 어떻게 해왔고, 현재 어디쯤 있으며, 무엇을 성취하고 싶은지에 대하여 말이다. 회사의 분위기와 사람들, 승인 과정에 대해 이야기하라. 당신도, 그들도 서로에게 질문을 할 것이다. 그럴 때에 서로가 얼마나 잘 의사가 소통되는지 보라. 마치 데이트하는 것과 같다. 우리의 철학과 사고방식이 맘에 드는지 들어보라. 우리와 대화하는 것이 어떤 분위기인지 보라. 우리가 같이 일하게 된다면, 서로 많은 대화를 나누게 될 것이기 때문이다. 통화를 끊을 때, 다음과 같은 질문들 대부분에 "예"라고 대답할 수 있기를 바란다.

우리가 사려 깊은 질문을 하였는가?

당신의 대답을 우리가 경청했는가?

우리가 말한 것이 이해되었는가?

우리가 당신의 말을 이해한 것처럼 보였는가?

우리의 답변이 (일반적이거나 광범위하지 않게) 당신에게 구체적으로 맞춰져 있다고 느꼈는가?

서로 같은 문화적, 사업적 배경을 가지고 있는가?

만약 디자인 업체에게 무슨 말을 해야 할지 모르겠다면, "나를 어떻게 도와줄 수 있을까요?"라는 질문으로 시작해볼 수도 있다. 제대로 된 업체라면 무엇이 가능한지에 대한 충분한 답변을 당신에게 줄 수 있어야만 한다.

그리고 그들의 질문에 집중하라. 그들의 작업 과정, 그들이 숙지해야 할 정보를 파악하는 데에 도움이 될 것이다. 이 협업은 마치 데이트와 비슷하게도, 서로 즐거운 대화가 되어야 하며 그 여부에 따라 같이 일하게 될지 아닌지를 파악하게 되는 것이다.

또한 자연스럽게 신뢰를 쌓기 시작하는 때가 되기도 한다 (No. 2 서로에게 정직해야 하는 이유 참조). 따라서 당신이 열 곳에 전화 상담을 했고, 그중 세 업체와 모임 약속을 잡았다고 (하나도 문제될 것 없다), 혹은 우리가 대단하다는 소문을 듣고 우리를 고용하기로 이미 마음먹었다고(이것이 훨씬 좋다.) 우리에게 얼마든지 말할 수 있다. 이런 종류의 정보는 우리에게 (당신에게도) 소중하다. 왜냐하면 당신의 결정을 최선으로 돕기 위해 우리가 무엇을 제공해야 하는지를 알 수 있게 해주기 때문이다.

15.
대면 상담의
중요성

Dear Client:

This Book Will Teach
You How to Get What You Want
from Creative People

어떤 디자인 작업 팀과 일할 것을 결정하기 전에, 특히 중요한 프로젝트라면, 유력한 후보 업체를 직접 만나볼 것을 권한다. 이를 통해 음성이나 화상채팅으로는 볼 수 없었던 서로의 행동들을 볼 수 있기 때문이다. 상대방의 몸짓(바디 랭귀지)을 읽게 되는 것이다. 가벼운 대화를 나누면서 (업무적인) 친분을 쌓아나갈 수 있게 된다. 그리고 종종 다른 작업의 현장들도 보게 될 것이고, 그 작업자에 관한 다양한 정보를 얻게 될 것이다. 너무나 당연히 중요하겠지만, 대면 상담은 그 후에 이어질 모든 것들의 분위기를 결정짓기도 한다. 이 모든 것들을 올바른 방향으로 이끌어줄 몇 가지 간단한 계획이 여기 있다.

준비되어 있어라

당신이 원하는 목표를 잘 알고 있어야 한다. 모임에 작업 브리프를 가지고 가라. 회의 때에 조리 있게 말할 수 있도록 도움을 줄 것이다. 또한 이전에 맡았던 비슷한 프로젝트에 관해 말할 준비가 되어 있어야 한다. 그것을 어떻게 성공적으로 했으며, 만약 성공적이지 않았다면 어떻게 된 것인지도 말하

라(우리는 자주 성공에서보다 실패를 통해 더 많은 것들을 배우기도
한다.).

긍정적인 태도를 취하라

성공할 것으로 예상하고, 그 예상에 근거하여 소통하라. 나
는 긍정이 재채기만큼 전염성이 강하다고 들었다. (에취!)

투명하게 행동하라

우리에게 모든 것을 말하라(심지어 좋지 않은 것까지도). 가령,
승인 절차에서 앞으로 얼마나 많은 난관에 부딪히게 될지 같
은 것들 말이다. 일정과 예산에 대해서도 (그리고 얼마나 유동
가능한지에 대해서도) 당신이 알고 있는 대로 우리에게 말하라.
우리가 더 잘 이해할수록, 결과물이나 작업 과정의 성공 가능
성이 더 높아진다.

친절하게 행동하라

당신에게 인간의 모든 선한 면을 다 요구하는 것 같아서 미
안함을 느낀다. 하지만 친절함은 나의 작업 스타일 중 필수적

인 요소이다. 모두들 바쁘고 스트레스 속에서 살지만, 그래도 우리 모두는 다 사람이다. 따라서 칭찬으로 시작하기를 바란다(당신과 마찬가지로, 우리도 때때로 확신이 없으며 의존적일 수 있다.). 이 작업 팀을 선정한 분명한 이유가 있을 것이다. 그 이유를 그들에게 말하라. 그들에게 당신의 편이 되어 달라고 말하라. 그들에게 신뢰를 표현함으로써 당신 편으로 만들 수 있다(엄마의 잔소리처럼 들릴 수 있다. 그러나 어쩔 때는 구구절절 옳은 소리이다.).

16.
제안서를
준비하라

Dear Client:

일단 전화 상담을 마친 상태라면(그리고 이상적으로는 직접 만나서 대화를 나누었다면), 프로젝트 제안서 작성에 도움이 될 만한 누군가가 있는지 물어보라. 적어도 반드시 포함되어야 할 서비스, 비용, 일정표 등의 큰 그림이 있어야 하지만, 모든 업체나 개인은 저마다 이 제안서를 작성하는 방식이 있을 것이다. 그게 바로 핵심이다. 제안서는 우리가 당신에게 말하는 또 다른 방식이면서, **우리의 작업 성격(프로젝트의 이해도, 가장 선호하는 작업 스타일, 유연함과 격식의 수준)을 엿볼 수 있는 기회를 제공해줄 것이다.** 이 모든 것들은 결정을 내리는 과정에서 아주 유용한 정보가 될 것이다.

17.
보증인을
요청하라,
제발 좀!

Dear Client:
This Book Will Teach
You How to Get What You Want
from Creative People

■　　우리는 이제 겨우 초면이고, 당신은 우리의
작품과 설명이 마음에 들었다. 그리고 우리
와 협업을 하기로 마음이 기우는 중이다. 만약 누군가가 우리
를 특별히 추천하였다면, 그것으로도 충분할 수 있다. 하지만
당신이 막상 방아쇠를 당길 준비가 되지 않았다면, 대개의 경
우 우리와 협업하는 것이 어떠할지 궁금해서일 수도 있다.

그럴 때는 우리와 협업했었던 이전 고객 두세 명의 연락처
를 달라고 요구하기를 바란다. 그리고 그들에게 전화하여 우
리와 일했던 경험에 대해 들어보기를 바란다. 그 프로젝트는
어떻게 되었는지? 우리가 고객의 피드백에 잘 반응하였는
지? 서로에게 즐겁고 훈훈한 관계였는지? 우리가 마감 기한
을 지켰는지? 그들은 우리가 완성한 작품을 자랑스럽게 생각
하는지?

그렇다. 각각의 프로젝트는 다를 수 있다. 게다가 우리와
형편없는 관계를 가졌던 고객의 연락처는 당신에게 주지 않
으려 할 것이다. 그럼에도 불구하고, 우리와 좋은 결과를 내

었던 고객들은 여전히 유용한 정보를 제공해줄 수 있다. 당신에게 특정한 걱정거리들이 있다면 더더욱 유익하다. 어쩌면 당신은 추가 비용 발생에 대해 걱정할 수도 있다. 걱정 말고 물어보라. 어쩌면 당신은 정말로 협업하고 싶었던 업체에 대해 궁금해할 수도 있다. 물어보라.

　그리고 나서 우리에게 새로운 질문거리들을 가지고 얼마든지 돌아올 수 있다. 새로 알게 된 정보로부터 생긴 질문들 말이다. 창의적 작업자들은 가능한 최선의 출발선에서 시작하기를 원한다. 그 말은 바로 우리를 신뢰하기를 원한다는 뜻이며, 앞으로 어떻게 될지 알 수 없는 관계를 시작함에 있어서 성가실 수 있는 근심거리들을 제거하는 것이다.

18.
모임의
모든 사람을
소개하라

Dear Client:

전에 누가 누군지 도통 알 수 없는 많은 사람들이 나를 지켜보는 가운데 아주 긴 회의장 책상에 앉은 적이 있다. 그들의 역할이 무엇이며 왜 거기에 있었는지 알 길이 없었지만 그 경험은 절대 유쾌하다고 말할 수 없는 것이었다. **누가 누군지 모른다면 어떤 의견들과 생각들이 가치가 있는지 우리가 확신하기 어렵기 때문이다.** 우리가 그저 개인의 취향을 나타내는 인턴에게 반응할 때와, 우리의 말에 흥미를 가지는 결정권자에게는 다르게 반응할 것이라는 점은 틀림없는 진리이다. 물론 우리는 전자에게도 친절히 대하겠지만, 후자의 관심사에 대해 더 많은 시간을 할애하는 것은 지극히 당연한 일이다.

따라서 이 모임에 누가 참석하는가? 우리에게 알려줘야 한다. 아니, 진지하게 말해서, 사전에 우리에게 꼭 알려주어야 한다. 물론, 최종 순간까지 참석자 명단이 정해지지 않을 수 있다는 것도 알고 있다. 그러나 만약 그런 경우라면, 그런 상황까지도 우리에게 알려주어야 한다. 그리고 우리가 모였을 때, 모든 이들을 소개하라. 각 사람의 역할을 포함해서! 그렇지 않으면, 우리가 아는 정보라고는 누군지 알 수도 없는 무더기의 사람들이 그저 우리를 판단하기 위해 한 방에 모여 있다는 것이 전부가 될 것이다.

　나는 누구나 참여 가능한 모임을 만들려는 성향에 대해 전적으로 공감한다. 다만, 우리도 끼워달라는 것이다.

19.
로비에서
서로 마주치지 않게
모임 직후에
또 다른 모임을 잡지 말라

Dear Client:

나는 종종 나의 잠재적 고객에게 혹시 다른 누구와 동시에 상담하고 있는지 물어본다. 말해주는 경우도 있고 그렇지 않은 경우도 있다. 이러한 정보는 내가 누구와 경쟁 중인지를 알게 해주기는 하지만 필수적이라고 볼 수는 없다. 그러나 엘리베이터에서 경쟁자들과 마주치는 것은 완전히 다른 이야기이다. 언젠가 나는 같은 업종에서 일하는 전 남자친구와 마주친 적이 있다(이 분야도 참 좁은 세계이다.). 그는 고객의 사무실에서 나오는 중이었고, 나는 들어가려던 참이었다. 결국 나는 그가 무슨 말을 했을지, 어떤 작품들을 보여주었을지, 현재 그의 삶이 어떠할지에 대해 생각하느라 상담 시간 내내 제정신을 차리기가 힘들었다.

누구에게나 시간은 소중하다. 그래서 우리는 하루에 많은 상담을 몰아서 하는 것이 효율적이라고 판단할 수 있다고 이해한다. 하지만 그 누구라도 로비에서 경쟁자와 부딪히게 된다면 불편함을 느끼거나 당황할 것이 분명하다. 설령 그들이 전혀 모르는 사이라도 말이다. 그리고 그것은 당신의 상담이 가장 이상적인 협업자를 얻게 되는 것이 아닌 엉뚱한 결과로

끝날 수 있음을 의미한다. 마치 캐스팅 오디션에 참가하는 절박한 배우가 로비로 들어가자마자 청바지와 가죽 재킷을 입은 30대 남성 스무 명과 마주치게 된 것과 같은 아찔한 상황처럼 느껴질 것이다.

그리고 당연한 소리 같겠지만, 짧고 급박한 상황에서 잠재적인 창의적 작업자들과 대화를 나누는 것은 관계에 있어서나 업무에 있어서나 당신을 위한 최선의 선택이 아니다. 가장 최선의 상황은 점심 식사 직후에 만나는 사람들과의 모임이 될 것이다.

따라서 할 수만 있다면, 시간적 여유를 두고 상담을 배치하라. 교통 체증 없는 쾌적한 운항을 위해서 말이다.

20.
예산에 대해서는
솔직하게

Dear Client:
This book will teach
you how to get what you want
from creative people.

이상하게 들리겠지만, 창의적 작업자들은 약간 불리한 편에 있는 셈이다. 우리가 우리의 일을 사랑하기 때문이다. 우리는 이 직업으로 생활을 할 수 있다는 사실을 다행이라고 느낀다. 아마 자원봉사라고 해도 이 일을 했을 것이다. 그러나 인생에는 냉혹한 현실도 존재하는 것이고, 우리가 이 방식으로 삶을 영위해갈 특권을 가지고 있는 동안에는 수입을 벌 수 있어야 한다. 당연한 소리 같겠지만, 우리도 돈 버는 것을 좋아한다. 그러나 대부분의 경우, 우리는 정말로 창의적인 영역에서 멋지게 살고 싶고, 돈을 버는 것은 부수적인 일일 뿐이다. 우리가 정말로 돈을 버는 것에 집중하고 싶었다면, 아마도 다른 일을 하고 있을 것이다.

만약 당신에게 프로젝트에 지정된 구체적인 예산이나 지출 가능한 범위가 있다면, 우리에게 말해 달라. **그것은 우리가 같은 편이라는 생각이 들도록 할 것이다**(그것이 우리가 진정으로 원하는 것이다.). 또한 협상이 오래 걸리는 것을 방지해줄 것이다(좋은 관계를 유지하는 데에도 바람직하지 않다.). 또한 모든 이들의 시간을 아껴줄 것이다. 몇몇 프로젝트는 어떤 창의적 작업자에게는 보상이 너무 작을 수도 있다. 그들이 얼마나 작업 과정이나 고객과의 관계에서 행복을 느낄 수 있는지와 상관없이 말이다. 만약 당신의 프로젝트에 대한 큰 열정이 있지만, 당신이 원하는 만큼의 예산을 가지고 있지 않다고 솔직하게 말한다면, 어쩌면 우리는 흔쾌히 그 일을 맡으려고 할지도 모른다.

어떤 잠재적 고객들은 정해진 예산이 없다고 우리에게 말하기도 한다. 그러나 언제나 대략적인 숫자는 있는 법이다. 게다가 어떤 재정적 안내가 없는 상태에서는, 우리가 당신이 기대한 것보다 훨씬 더 큰 비용을 요구하는 프로젝트의 제안서를 제출할지도 모른다. 그런 일은 서로에게 유익할 수도 있는 협업을 망칠 수 있는 빠른 방법 중 하나이다.

어떤 이들 중에는 쓰려고 정한 금액보다 우리가 낮은 가격을 제시할 것이라는 희망으로 그들의 예산을 움켜쥐고 있는 고객들이 있다. 그러나 베테랑 작업자들 대부분은 절대로 가장 저렴한 낙찰자가 되고 싶어 하지 않는다. 반면에, 젊은 작업자들은 만약 그들 외에도 다른 이들이 고용되었다는 것을 알게 될 때에 더 열심히 일할지도 모른다. 그들이 이미 합의한 낮은 가격 때문에 다른 팀보다 조금이라도 더 많이 받기 위해서이다.

어떤 젊은 디자이너에게 그가 정말 원하던 작업을 위한 제안서를 내라는 요청을 왔다. 작업 예산에 대한 정보는 하나도 없이, 두서없는 추측만 하게 하면서 그를 조바심 나게 만들었다. 자신의 멋진 재능을 보게 된다면 다음 프로젝트 때에는 작업 가격을 더 올릴 수 있을 거라 기대하면서 그는 아주 낮은 가격(미화 $5,000)을 제시하기로 결정했다. 그가 작업을 맡기로 한 다음 날, 그가 보낸 제안서와 회사가 보낸 계약서를 다시 확인해보고 그는 놀랄 수밖에 없었다. 제안서에 실수로 0을 하나 더 추가한 $50,000을 적었던 것이다. 물론 고객도 이미 서명한 계약서였다.

어쩌면 $50,000는 고객이 계획한 예산보다 적은 금액이었을 수도 있다. 그렇다면 모두에게 행복한 결말이라고 할 수 있겠지만, 그래도 이 디자이너가 아무것도 몰랐다는 사실은 비정상적이라고 말할 수밖에 없다. 어쩌면 $50,000는 그들에게 무리한 지출이었을 수도 있다. 만약 그들이 일을 맡은 디자이너에게 예산 범위만 주었다면, 그 역시 적당히 낮은 금액을 제시했을 수도 있고, 고객의 상당 금액의 비용을 절약할 수도 있었을 것이다.

예산에 대한 합리적인 감각을 가지는 것은 우리가 그 프로젝트를 시작함에 있어서의 자세에도 영향을 줄 것이 분명하다. 둘 사이의 속을 알 수 없는 시작은 우리가 결코 같은 공감대를 가질 방도가 없다는 것을 의미한다. 그것은 최악의 시작이 될 수밖에 없다.

부디 예산에 대해서는 솔직하기를 바란다.

21.
창의적 작업의
가치

Dear Client:
This Book Will Teach
You How to Get What You Want
from Creative People

실제 있었던 일이다. 뉴욕시티 병원에 새로운 브랜드 가치를 부여해달라는 의뢰를 받은 적이 있다. 정해진 약속 시간에 6명의 남성 외과의사로 구성된 검토위원회가 우리의 첫 발표 제안을 듣기 위해 모였다. CEO(최고경영자)의 참석을 기다리는 동안, 그들 중 한 명이 어떤 디자이너로부터 사기를 당한 이야기를 해주었다. 당시 그가 속해 있었던 조직은 새로운 로고를 위해 많은 돈을 이미 지출한 상황이었다. 작업이 완성된 후, 그들의 사무실 직원 중 누군가가(디자이너가 아닌 일반인) 스케치한 그림이 작업을 맡은 디자이너의 로고와 매우 흡사하다는 사실이 밝혀졌다. 내가 이해한 그 외과의사의 말의 요지는 그가 앞서 일했던 회사는 멋지고 비싼 디자인 업체가 필요하지 않았다는 뜻이었다. 아래층 조니가 공짜로 같은 로고를 만들 수 있었으니까.*

이 이야기는 나에게 아주 강한 울림을 주는 것 같다. 왜냐면 우리가 계속해서 직면해야만 하는 문제를 만들어내기 때

---

* 그 일이 있은 후, 나는 그때 이렇게 얘기했어야 했다고 느꼈다. "난 당신이 어떤 기분일지 정확히 알 것 같아요. 내가 엄청난 돈을 지불했던 유명한 의사가 내 증상의 원인을 정확히 알아내지 못했거든요. 그런데 내 이웃이 바로 알아차리던데요!"

문이다. 창의적 작업은 쉽게 측정되는 것이 아니기에, 어떤 고객들은 우리가 하는 일의 가치에 의문을 가진다. 이것은 짜증 나는 것뿐만 아니라 중요한 핵심을 놓치고 있다는 말이기도 하다. 당신은 우리의 창의성에 대해 비용을 지불하는 것이다. 당신의 특정 문제를 해결하는 데에 소비한 시간 때문이 아닌, 당신의 메시지를 전달하기 위해 혼돈으로부터 질서를 만들어내는 능력에 그 값을 내는 것이다. 그것을 위해 소비된 시간은 우리가 걱정할 일이지 당신 몫이 아니다(우리가 마감 기한을 지키기만 한다면 말이다.). 어떤 멋진 로고가 단지 우리가 첫 모임을 가지는 순간에 아이디어가 떠올랐다고 해서 그 가치가 덜하다고 할 수 있을까? 그것이 아이디어를 적은 종이를 쓰레기통에 100번이나 던진 후에 나온 결과라고 해서 더 가치가 있는 것일까?

어떤 묘책이 이틀이 걸리든, 두 주가 걸리든, 두 달이 걸리든, 당신의 사업에 관한한 그것의 궁극적 가치는 동일한 것이다. 그리고 그것이 우리가 비용을 청구하는 이유이다.

다음과 같은 유명한 이야기가 있다. 한 제품 회사에서 기계

오작동으로 인해 가동이 중단되었다. 운영부서는 한 기계공을 불렀고, 그는 각 부품들을 살피며 5분가량을 둘러보았다.

그런 후, 그는 연장통에서 무언가를 꺼내 들고 기계 뒤쪽의 어딘가를 잠시 만지작거렸고, 공장의 기계는 즉시 재가동되었다. 모든 이들이 감탄했다. 그들이 $5,000의 청구서를 받아보기 전까지는 말이다. 그 공장의 주인은 성난 얼굴로 그 기계공에게 수리 비용이 왜 그렇게 비싼지 물었다. 그러자 기계공은 다음과 같은 견적을 보내왔다.

교체한 부품의 가격 $10
이 같은 문제를 10분 만에 해결하는 능력을 갖게 해준 25년의 경험 가격 $4,990

내 말이 이것이다.

22.
고정 비용 청구서, 정성 가득한 마음은 실패할 수가 없다.

Dear Client:

This Book Will Teach
You How to Get What You Want
from Creative People

가치를 인정받은 대부분의 디자이너들도(그리고 많은 다른 창의적 직종의 사람들도) 각 프로젝트당 고정된 비용을 청구하기도 한다. 이런 청구서는 당신의 프로젝트에 소요될 시간을 계산해서 나온 것일 수도, 혹은 아닐 수도 있겠지만, 일정 기간에 투입될 대략적인 인원수와 그들의 능력, 프로젝트의 전체적인 그림을 아우르는 것임에는 틀림이 없다. 어떤 경우에든, 다음과 같은 이유로 이러한 형태가 당신에게 유리하다고 말하고 싶다. 나의 팀이 당신의 로고를 디자인하게 되었다고 생각해보자. 작업은 백지에서 출발해 서체를 구상하는 일로 이어진다. 우리가 만약 시간에 따른 비용으로 당신에게 청구한다면, 우리는 초과 지출에 대한 당신의 표정을 살펴야 할 것이다. 특히 당신이 그 방향의 디자인을 좋아하지 않는다고 결론이 흘러간다면 말이다. 아마도 만족스러운 성과가 나오지 않는 일에 돈을 더 투자할 마음이 사라질 수도 있다. 만약 우리가 정해진 청구 비용 안에서 일하게 된다면, 우리는 좀 더 그런 무형적인 계산들을 감안해 일하게 될 것이다. 그리고 심지어 시간이 많이 소요되는 방식에 대해서도 뭔가 중요한 것을 우리가 (혹은 당신이) 알아가게 될 것이다. **고정된 비용을 지불하기에 당신은 우리를 시간에 따른 업무량으로 제한하지 않을 것이다. 당신이 원하는 그 목표점이 바로 업무의 도달점이 되는 것이다.**

다시 말해서, 계약서에 있는 것 이상을 필요로 하는 작업은 일반적으로 (계약서에 명시되어 있는 금액대로) 비용이 청구되어야 한다고 믿는다(No. 23 예상치 못한 일들을 예상하라 참고). 희망하기로 이 단계에서는, 아주 구체적인 사안들을 다루기 위해 명확히 행동해야 할 필요가 있다. 그러나 이유가 어찌 되었든 우리의 시간은 소중하기에, 변호사가 그렇게 하듯이, 우리가 동의한 것을 이상으로 소모된 시간에 대한 비용을 청구할 필요가 있다. 당신이 우리에게 바라는 완벽주의자 같은 작업 시간 동안에, 우리는 최대한 효율적으로 일할 것이라는 것을 알아주길 바란다. 솔직히 말한다면, 우리는 가능한 신속하게 일하는 것을 원하는 편이다. 프로젝트가 빠르게 진행될수록, 우리도 다른 새로운 작업에 착수할 수 있기 때문이다.

23.
예상치 못한 일들을
예상하라

Dear Client:

This Book Will Teach
You How to Get What You Want
from Creative People

당연하겠지만, 당신에게는 마음을 바꿀 권리가 있다(개인적으로, 생각을 절대 바꾸지 않는 사람은 생각하지 않는 사람들뿐이라고 생각한다.). 우리는 항상 아이디어들을 가지고 살기 때문에, 새로운 생각들이 필연적으로 개입될 수밖에 없다. 그리고 그것은 우리가 작품을 보는 방식에도 영향을 끼친다. 때때로 어떤 고객은 새로운 정보를 알게 되거나, 동료와 의견을 나누다가 생각이 바뀌기도 하고, 혹은 간밤에 푹 자고 일어나서 다시 살펴보던 중에 새로운 점들을 찾아내기도 한다. 얼마든지 일어나는 일이다.

때때로 작업 과정이 좀 더 지체 없이 진행되기를 우리가 바랄까? 그렇다. 하지만 우리는 그렇게 될 가능성이 희박하다는 것을 알고 있다. 그리고 오히려 그렇기에 우리의 직업에 매력을 느끼기도 하는 것이다. 우회하는 경로는 최상의 결과를 이끌어낼 수 있다.

그러나 마음의 변화는 한계의 변화를 의미하기도 한다. 따라서 모든 디자인 프로젝트는 (당신의 연간보고서부터 나의 새 부얼까지) 얼마든지 기대했던 것보다 길어질 수도, 비용이 더 들 수도 있는 것이다. **계획이 지연되는 것을 유발하는 요인은 당신이 결코 예상할 수 없는 것들이다.** 만약 그럴 수 있었다면, 우리는 애초부터 그런 요소들을 작업 일정에 넣었을 것이다. 어떤 방법으로든 예상 가능한 우발적인 요소들을 많이 고려하되, 일정과 예산에 관련하여 만약의 사태를 위한 대비책을 남겨두는 것이 좋다(특히 예산에 관해서는, 10% 정도의 예비비를 추가로 두는 것이 매우 편안한 대비책이 될 것이다.).

24.
훌륭하고,
신속하고,
저렴한

Dear Client:
This Book Will Teach
You How to Get What You Want
from Creative People

최상의 제품~! 지금 구입하세요~! 할인판매 중~! 귀가 솔깃하지 않은가? 당신이 땀 냄새를 제거해주는 제품을 사는 경우라면 이런 3박자의 광고는 더없이 훌륭한 것일 수 있다. 그러나 창의적 프로젝트에 관련해서 말한다면, **세 가지 중 두 개만 얻을 수 있어도 행운이었다고 여기기를 바란다.** 세 가지 모두를 가지는 것은 거의 불가능에 가깝다. 왜냐면,

만약 훌륭하고 신속하게 진행된다면,
더 많은 인력이 필요하게 될 것이다. 따라서 절대 저렴할 리 없다.

만약 훌륭하고 저렴하다면,
오래 걸릴 것이다. 따라서 절대 신속하게 진행될 수 없다.

만약 신속하게 진행되고 저렴하다면,
십중팔구 훌륭한 결과물을 낼 수 없다.

25.
어떤 경우에도
문서화된 것에
서명하라

Dear Client:

This book will teach
you how to get what you want
from creative people

많은 디자인 전문가들은 뼈아픈 경험을 통해 계약서 없이 일하는 위험성에 대한 교훈을 얻었다. 내가 얻은 교훈은 그 정도로 힘든 것은 아니었지만, 그래도 나에게 훌륭한 가르침을 주었다. 우리는 '에어 아메리카'라는 라디오네트워크 회사의 정체성과 광고를 디자인하기 위해 고용된 적이 있었다. 개인적으로 (정치적으로도) 호감을 가지고 있던 미디어 브랜드였다. 우리는 맡겨진 프로젝트에 대해 너무 들뜬 나머지, 계약서 없이 일을 착수하게 되었다. 하지만 다른 모든 계약자들처럼 악수를 나누는 것으로 서로의 협업관계를 확인하자는 CEO(최고경영자)의 거듭된 제안에도 불구하고, 우리는 양쪽이 계약서에 서명을 할 때까지 완성된 작품을 전달하기를 거절했다. 후에 우리는 그 계약서를 감사할 수밖에 없었다. 그 CEO가 사기꾼이라는 것과 그가 하자는 악수가 그의 은행계좌 만큼이나 신빙성이 없음이 밝혀졌기 때문이다. 우리는 문서화된 계약서를 가지고 있었던 덕분에 결국에는 작업 비용을 모두 받을 수 있었다. 반면에 악수만 나누었던 계약자들은 단지 운이 없었던 것일까?

그러니 계약서에 서명하는 것을 습관화하라. 이것은 거대한 회사들 여럿과 상대할 때에도, 혹은 상대적으로 작은 프로젝트를 진행할 때에도 마찬가지이다. 지금까지 많은 고객들이(그들 중 상당수는 큰 조직에서 온 사람들이었다.) 계약서를 쓸 필요가 없다고 나에게 말하곤 했다. 어떤 경우에는 그들에게 생긴 약간의 여유 자금을 쓰는 일이라서 너무 큰 주의를 끌고 싶지 않다는 이유도 있었고, 어떤 경우에는 단순히 관례적인 절차를 피하고 싶다는 이유도 있었다. 물론 이런 상황들을 이해할 수도 있겠지만, 그러나 나는 계약서를 피해야 할 충분한 이유가 된다고 생각지는 않는다. 계약서 작성은 쌍방을 피해로부터 보호하고, 기대와 의무를 분명히 하는 역할을 한다. 협업의 과정에서는 얼마든지 오해가 생길 수 있다. 그러나 당신이 문서를 통해 앞으로의 기대치에 대해 돌아볼 시간을 가졌다면, 마감 기한이나 과도한 가격, 비용에 관해서는 오해가 생기지 않을 것이다.

계약서는 또한 계약의 중대성을 부여하는 역할을 한다. 서로를 존중하는 양측에게 이 계약이 진중한 행동임을 말하는 것이다. 창의적인 전문직 중에서는, 몇몇 것들은 프로젝트의 출발 때의 자신감만큼 자라기도 하고 어떤 것들은 계약서의 서명하는 고객의 침묵만큼 빠르게 사라지기도 한다.

만약 당신에게 변호사나 법무 팀이 없다면, 디자인 업체가 계약서를 작성하도록 하라. 그렇게 하는 것이 더 수월하면서도 확실히 좋은 방법이다. 그러나 누가 그 문서를 작성하건 간에, 계약서는 프로젝트의 큰 그림(모든 서비스와 전달해야 하는 것들 포함), 인건비, 작업 및 잔금 지급 계획, 애프터서비스 횟수, 작업 비용, 최종 작업물의 소유권과 저작권을 포함하고 있어야 한다. 또한 협업이 순조롭게 진행되지 않아 당신이 계약을 종료하고 싶을 때를 위해 '위약금'에 대한 명시도 포함되어야 한다(No. 59 만약 일이 원하는 대로 진행되지 않을 때 참조). 최선의 결과를 바라고 일하되, 최악의 경우를 대비해 계획하라.

26.
일을 맡게 되지 않은
업체들에게도
연락하라

Dear Client:

This book will teach
You how to Get What you Want
from Creative People.

대부분의 고객들은 선정되지 않은 후보 업체들에게 결과에 대한 통보를 하지 않는다. 당신은 그런 고객이 되지 않기를 바란다. 세 가지 이유에서이다.

1. 마감(결과)이기 때문에. 관계자라면 누구든지 이것을 알 권리가 있다.

2. 그렇게 하는 것이 옳은 행동이기 때문에. 창의적 작업자에게 그 작업을 맡기지 않게 되었다고 연락하는 행동으로 우리는 당신을 더 높이 평가하게 된다. 당신의 브랜드와 사업체의 명성을 높이게 되는 행동이다.

3. 앞으로 무슨 일이 벌어질지 아무도 모르는 것이기에. 일전에 우리 회사는 대형 회사에서 추진하는 경쟁이 치열한 작업을 할 후보로 오른 적이 있었다. 우리는 그 작업을 맡게 되지는 않았지만, 회장님은 우리에게 전화를 주었고 그녀의 결정에 대해 우리에게 논리적으로 설명해주었다(나는 그녀가 잘되기

를 빌었다.). 세 달 뒤, 그녀는 우리에게 다시 전화하여 우리가 아직도 그 프로젝트에 관심이 있는지 물었다. 그 프로젝트가 바라는 대로 잘 진행되지 않았던 것이다. 우리는 그 기회를 과감히 잡기로 했다. 그녀의 첫 태도에서 보여준 열린 마음, 정직함, 존중함이 그 협업이 성공할 것이라는 확신을 주었기 때문이었다(역시나, 성공적이었다.).

27.
융통성이 있다면
최선의 연습이
최선의 결과를
만들어낸다

Dear Client:

This Book Will Teach
You How to Get What You Want
from Creative People

새고객들은 언제나 다른 프로젝트들이 성공적일 수 있었던 비결과 어떻게 그 과정을(다른 말로, 최선의 연습을) 답습할 수 있을지 알기를 원한다. 그러나 다른 회사의 여러 정책, 명령 체계, 그리고 승인 절차에 효과적이었던 방식은 당신의 회사에 적용되지 않을 가능성이 굉장히 높다. 우리는 세월을 거듭하면서 작업 방식을 점점 진화시켜왔지만 언제나 각 고객의 필요에 따라 조절하고 변화를 주어야 했다. 가장 최선의 연습은 과거가 아닌 현재 작업을 하고 있는 그 경우에 해당되는 말이다.

그러나 나는 세 가지의 '최선의 연습'에 대한 일반적인 가이드라인을 제시할 수는 있다.

1. 투명성

만일 우리에게 분명한 브리프(Brief)와 작업 요건이 정해져 있다면, 일을 시작하기 전에 문제가 될 만한 대부분의 원인을 제거할 수 있을 것이다.

2. 소통

당신이 만약 처음부터 마음을 열고 정직하게 대한다면, 우리는 우리의 의무적인 정도를 넘어 그 이상을 해내게 될 것이다. 우리가 당신의 목표들과 승인 절차와 당신의 회사가 일하는 방식에 대해 더 많이 이해할수록, 우리는 기대치를 상회하는 성과를 보여줄 수 있게 될 것이다. 우리에게 그 정보와 최선을 다할 수 있는 여지를 준다면, 당신은 그 결과에 아주 만족스러워하게 될 것이다.

3. 용기

두려움에 의해서 결정된 일들 중에 위대한 일은 없다(실패에 대한 두려움, 퇴직에 대한 두려움, 바보 취급당할 것에 대한 두려움, 일이 틀어질 것에 대한 두려움⋯). 명심하라, 엄청난 위험을 감수해야 하는 일을 하는 사람들조차 그런 두려움은 꺼린다는 것을 말이다. 나는 모든 해결책에 모험이 필요하다고 말하려는 것이 아니다. 당신이 기대하지 않았거나 전에 보지 못했던 국면을 맞이하게 되었을 때, 약간의 용기로부터 얻을 수 있는 이로움에 대해 말하는 것이다.

28.
당신이 원하는 것을
정확히 알지 못하더라도
걱정하지 마라

Dear Client:
This Book Will Teach
You How To Get What You Want
From Creative People

좋은 소식이 있다. 자신이 원하는 것을 알아내어 우리에게 말해주는 것은 당신의 역할이 아니라는 것이다. 당신이 해야 할 일은 고치고 싶은 문제점이 무엇인지 찾아내어 우리에게 말해주는 것이다. 그 해결책을 찾는 것은 우리의 할 일이다.

우리의 작업으로부터 이끌어내기를 희망하는 감정이나 반응들을 대표하는 **형용사의 목록을 만들어보는 것으로 시작해보라.** 그러한 표현들은 우리가 당신에게 보여줄 것들을 결정할 때, 북극성과 같은 역할을 하게 될 것이다.

가장 우선적으로는 당신에게, 그다음으로 청중에게 그런 감정이나 반응들을 이끌어낼 만한 무언가를 창조해내는 것이 바로 우리가 하는 일이다. 우리는 최상의 해결책을 찾기 위해서뿐 아니라, 당신이 흡족해할 만한 수준을 찾는 것에도 여러 가지 가능성을 고려한다. 현재의 프로젝트에 집중하는 것에 도움이 될 만한 방법이 있다면, 당신의 작업자에게 직전 프로젝트 몇 개를 골라 처음부터 최종 단계까지 그들이 진행해나

간 과정을 보여달라고 하는 것이다. 그렇게 현재의 프로젝트와 비교되는 점들, 유사점, 차이점을 찾게 될 것이다. 이렇게 해보는 것이 해결하고자 하는 문제를 어떻게 접근할 수 있는지에 대한 아이디어를 당신에게 줄지도 모른다.

어떤 창의적 작업자들은 가장 안전한 선택부터 극단적인 것들까지 여러 개의 해결책을 제시해줄 것이다. 또 어떤 디자이너들은 당당하게 그들이 정답이라고 생각하는 단 하나의 해결책을 보여줄 수도 있다. 당신이 원하는 것을 찾아내도록 돕기 위한 정답이란 존재하지 않는다. 그러나 훌륭한 디자이너라면 누구나 노력할 것이고, 당신의 유일한 의무는 정직하게 반응하는 것이다.

29.
당신에게
좋은 아이디어가
있다면?

Dear Client:

우리에게 말해달라! 당신이 반드시 해결책을 찾아낼 필요는 없다고 말한 나의 의도는 당신에게 좋은 아이디어가 생길 수 없다는 뜻이 아니다. 그러므로 본인 생각에 효과가 있을 만한 어떤 것이 있다면 자유롭게 공유하기를 바란다. 아무리 최악의 경우라도, 당신이 어떤 종류의 해결책을 생각하고 있는지 우리에게 알려주는 역할은 한다. 대부분의 창의적 작업자들은 그 아이디어가 납득 가능한 것인지, 실현 가능한 것인지 탐험해볼 것이다. 서로에게 '윈-윈'이다. 하지만, 우리 디자인 전문직인들은 비전문직인들과 다른 시각을 가지고 있다는 것도 유념해주기 바란다. 대부분의 고객들은 그들이 지금까지 봐온 것들에 대해 반응한다. 그것들이 편안함과 자신감을 주기 때문이다. 반면에, 창의적 작업자들은(특히 디자이너들은) 당신이나 그들이 전에 보지 못한 것들에 대해 끌리는 것을 느낀다.

다르다는 것이 항상 더 낫다는 뜻이 될 수는 없다. 그러나 더 나은 것은 언제나 다른 것이다. 따라서 우리가 행복한 마음으로 당신의 아이디어를 듣는 동안, 당신은 당신 분야의 전문가이고, 우리는 우리가 하는 일에 전문가라는 사실을 기억해주기를 바란다. 우리의 전문성 때문에 당신은 우리를 고용한 것이고, 그래서 우리가 당신의 아이디어가 최선의 방향이 아니라고 추천하더라도 우리를 신뢰해주어야만 한다. 우리가 한결같이 바라는 것은 우리가 당신의 아이디어에 열린 마음으로 대하듯이, 당신도 같은 마음으로 우리의 아이디어를 대하는 것이다.

한 가지 추가할 것이 있다. 당신이 원하는 것이 무엇인지 정확히 알고 있다고 생각한다면, 우리에게 즉각적으로 말해주기를 바란다. 혹은 이 아이디어가 바로 찾고 있던 그것이라고 우리에게 말해달라. 그러면 우리는 기꺼이 그것을 시도해보려고 할 것이다. 이왕이면 당신이 마음속에서 미련을 버리지 못한 어떤 아이디어를 더 낫게 만들기 위해 우리가 고군분투하고 나서 알려주는 것보다는, 어떤 작업을 시작하기 전에 알려주는 것이 훨씬 낫다. 어떤 회사는 그런 조율을 받아들이려고 하지 않을 수도 있다. 그러나 우리가 당신의 아이디어를 실현해낼 수 있는지 없는지의 판단을 우리에게 맡기는 것이

좋다. 아니면, 그 역할을 대신해줄 수 있는 누군가를 반드시
찾아야 한다.

30.
show-and-tell

Dear Client:

This Book Will Teach
You How to Get What You Want
from Creative People

이는 한편으로는 당신이 선호하는 것에 대해 알아가는 방법이기도 하고, 다른 한편으로는 디자인 파트너에게 당신의 취향을 알려주는 방법이기도 하다.

아직은 공감대가 형성되지 않았고 모두에게 서먹서먹한 '첫 데이트' 순간에 일찌감치 **당신의 취향에 대해 소통하는 것은 시간과 비용을 절약하게 해준다.** 디자인 작업자는 당신을 즐겁게 만드는 것, 당신에게 영향을 주는 것, 당신이 호감을 보이지 않는 것, 혹은 당신에게 아무런 영향력이 없는 것들을 알려고 할 것이다. 당신의 브랜드가 어떤 의미를 나타내는지 우리에게 알려주는 것만큼, 당신이 어떤 사람인지 알려주는 것도 동일하게 중요하다.

우리 고객 중 한 명은 작업 초기에 그녀가 관심 있는 것들을 핸드폰 카메라로 찍은 사진을 우리에게 보여주었다. 그녀의 눈을 사로잡은 것들을(거리의 광고, 예술작품, 식당 화장실의 벽화, 그녀의 집에 걸려 있는 빈티지 여행포스터) 모아놓은 사진들

보여주었다. 우리는 그러한 사진들이 부드러운 색감, 정제된 우아함을 가지고 있다는 것을 즉시 알아차릴 수 있었고, 그녀가 보여준 사진들에 대해 이야기를 나누면서 그녀의 미적 선호도를 더욱 명확하게 이해할 수 있게 되었다. 비록 우리의 최종 디자인은 그녀가 소장한 사진들을 실제로 쓰지는 않았지만, 그녀의 사진 모음 속에서 보인 전체적인 미적 감각은 우리가 택한 방향에 중요한 정보를 주었고, 우리 모두를 공감대 속에서 시작할 수 있게 해주었다. 우리는 처음부터 협업자로 시작할 수 있었다.

참고용 이미지들은 말로 설명하기 어려울 때에 도움이 될 수 있다. 특히 건축이나 인테리어 디자인 프로젝트일 때에 아주 귀중한 정보가 된다. 현대적 느낌을 주는 구성요소에 대한 이해는 어쩌면 사람마다 다를 수 있다. 하지만 당신이 머릿속으로 생각하고 있는 것에 대한 구체적인 증거가 공유된다면 그것에 대한 공감대를 모든 사람들이 갖게 되는 셈이다.

짧은 목록으로 자신의 취향에 대하여 위와 동일하게 효과적으로 소통한 또 다른 고객이 있었다. "애플사의 제품과 이미지처럼! 오바바 대통령의 캠페인 브랜드처럼! 그리고 뉴욕시의 지하철 이정표처럼!" 이러한 예시들은 그녀가 직관적이고 깔끔한 디자인을 좋아한다는 것을 우리에게 알려주었다. 장식을 최소한으로 넣은 밝은 원색 계통의 디자인을 말이다. 그녀는 우리에게 이 같은 정보를 전달해주기 위한 적절한 단어를 찾지 못했는지도 모른다.

이번 주제에 대해 마지막으로 말할 것이 있다. 만약 미적 취향을 명확히 말하는 데에 어려움을 겪고 있다면, 디자인 팀이 '무드 보드(mood boards)'를 만들어 당신의 반응을 보는 방법도 있다. 어떤 회사는 이와 같은 방법을 그들의 작업 과정의 고정적으로 집어넣기도 한다. 무드 보드란 어떤 특정한 스타일이나 감정적인 반응을 불러일으키는 단편적인 사진들, 일러스트(삽화)들, 조형물들, 광고들, 단어들의 모음이다. 그리고 각각의 보드들은 서로 다른 방향성을 지닌 잠재적 디자인을 대표한다. 그것들은 일반적으로 말해서 가장 적절하다고 느껴지는 것들에 대해서 대화를 시작하기 위해서 만들어졌다.

대형 디자인 회사들은 때때로 '고객 코디네이터'라고 부르는 조정자 역할을 하는 직책을 두고 있다(나는 이 직책을 몹시 싫어한다.). 당신은 조정이 필요한 사람인가? 정확히 말하자면, 프로젝트 원활히 수행하기 위해서는 모든 세부적인 것들을 조정할 프로듀서와 전략가들이 필요하다. 그러나 또한 실제로 창의적 작업을 하는 사람들에게 직접적으로, 당신의 의견을 가감 없이 말해야 한다는 것도 틀림없는 사실이다. **당신의 말을 통역해줄 코디네이터는 필요하지 않다.** 대부분의 경우 의사 전달 과정에서 중요한 정보들을 빠뜨리기 때문이다. 결국 우리의 작업은 달성할 목표들과 넘어야 할 장애물들, 고민과 선택의 긴 목록 속에서 완벽한 해결책을 찾기 위해 바늘구멍에 실을 넣는 노력을 하는 것이다. 당신이라면 이런 정보들을 어떻게 의사소통을 하겠는가? 당신의 문화적 배경이나 통찰력뿐 아니라 프로젝트에 대한 공식적, 혹은 비공식적인 대화들을 통해서 의견을 나누는 것이 우리를 적합한 해결책으로 이끌어줄 방법이 되는 것이다. 고객으로부터 작업자에게(그리고 역으로도 마찬가지로) 이런 직접적인 대화가 많아질수록, 작업의 효율은 더 높아질 것이다.

이상하게도, 이러한 소통의 연결이 항상 가능한 것은 아니다. 예를 들자면, 많은 출판사들이 저자가 출판사의 책의 표지를 디자인하는 사람에게 직접 말하는 것을 허락하지 않는다. 어떤 경우에는 표지 디자이너는 책을 읽어볼 기회조차 주어지지 않을 때도 있다! 나는 이런 현상을 도무지 이해할 수 없다. 단 한 마디의 말이 그 표지의 중요한 모든 요소들을 구현해낼 가장 완벽한 통찰력에 불씨를 심어줄 수도 있는 것이다. 아마도 (표지 디자이너의 실제적인 고객인) 출판사는 책의 저자가 작업 과정에 방해가 되는 것을 원치 않을 수도 있다. 방해가 되는 어떤 쪽으로 작업을 지연시키거나, 실현 불가능한 아이디어를 고집할 수도 있기 때문일 것이다. 그러나 만약 모든 이가 정직하고 투명하다면, 그리고 최종 결정권이 출판사에게 있다는 사실을 이해한다면, 문제가 생길 일은 없다. 더 나은 표지를 만들 가능성은 누구나 가능한 많이 창의적인 대화를 나눌 수 있게 함으로써 더 높아질 수 있는 것이다.

그 책의 저자가 당신이라고 생각해보라. 우리는 동료 결정 권자와 더불어 당신으로부터 직접 의견을 들을 필요가 있다.

그 누구도 본인만큼 당신의 희망과 꿈을 가장 잘 이해하는 사람은 없다.

**32.
여백은
당신의 친구이다**

Dear Client:

화이트 스페이스(White Space)란 '여백'을 뜻하는 디자인 용어이다. 흔히 말하는 대로 아무런 디자인 요소가 있지 않은 공간을 말한다. 여백은 순수하게 심미적 수준에서 활용되기도 하지만, 그 밖에도 보는 이로 하여금 어디를 주목하게 할지, 디자인의 포인트가 무엇인지, 어디에서 눈을 쉬게 해야 할지를 말해주는 역할을 한다. 또한 전체 작품을 좀 더 매력적으로 보이게 도와주는 역할도 한다.

색깔, 이미지, 글귀들이 **빡빡하게** 가득한 웹사이트, 광고, 혹은 팸플릿 등은 한눈에 알아보고 읽고 이해하기 어려울 수 있다. 이런 식으로 생각해보면 어떨까? 만일 어떤 사람이 당신에게 테니스공 하나를 던진다면 당신은 잡아낼 수 있을 것이다. 만약 10개를 던진다면, 어떤 것도 잡지 못하게 될 수도 있다. 나는 때때로 너무 많은 공백이 있을 때, 사람들은 그들의 돈이 아깝다고 여기게 되는지 궁금할 때가 있다. 무언가를 집어넣을 공간이 있으면 다 꽉꽉 채워 넣어야 하지 않는가?

아니다.

공백을 두려워하지 말라. 그것이 해내야 할 소중한 목적이 있다.

그리고 이왕 이 주제에 대해 말하는 김에, 고객들로부터 자주 회자되는, 디자인에 관한 그릇된 생각에 대해 해줄 말이 있다. 이런 것들은 협업을 망치고 최종 작업물의 효과를 떨어뜨리는 오해이다.

1. 당신의 로고는 꼭 큼직해야 할 필요는 없다.

2. 빨간색만이 두각을 드러내는 유일한 색깔은 아니다. 색깔은 그 주변의 색에 따라 좌우된다.

3. 포토샵으로 저해상도 이미지를 '그저 또렷하게' 만들 수는 없다.

4. '그저 글씨체를 바꾸는' 것 또한 불가능하다. 화판(Drawing Board)으로 다시 돌아가서 작업하지 않고서는 불가능하다. 서체의 선택과 디자인은 모든 것에 영향을 끼친다.

5. 당신의 화면에서 작아 보인다면, 아마도 원래 의도된 크기를 보지 못하는 것일 수 있다.

6. 단지 세상에 존재하는 모든 색깔을 우리가 쓸 수 있다는 사실이, 우리가 반드시 그래야 한다는 뜻은 아니다.

7. 그렇다. 디자인 작업을 시작하려면 우리에게 '문구'가 정말로 필요하다. 대략적인 문구여도 괜찮다. 그러나 디자인을 결정하는 데 중요한 의미를 담고 있어야만 한다.

33.
창의적 작업자로 하여금
첫 발표를
진행하게 하라

Dear Client:

This Book Will Teach
You How to Get What You Want
from Creative People

작업 결과가 시연되는 첫 모임에서는 필요 이상으로 많은 압박감이 느껴지곤 한다. 우리 모두는 그동안 서로 많은 대화를 나누었고, 이제는 그것들이 어떻게 가시화되었는지 의견을 나누려는 순간이다. 이 과정을 디자인 작업 팀이 이끌도록 하라.

우리 중 몇몇은 이전부터 우리가 대화로 나누었던 것들을 하나하나 열거할 수도 있다. 그렇게 하도록 하라. 그것은 우리가 어떻게 해결책까지 도달할 수 있었는지에 대해 당신에게 말해주려는 것이다.

우리 중 몇몇은 주어진 문제에 대해 굉장히 다른 해결책을 제시할 수도 있다. 그렇게 하도록 하라. 대개의 경우, 브리프(Brief)를 통해서 윤곽이 잡힌 많은 우선순위들을 달성하기 위해, 수많은 다양하고 효과적인 방법들이 제시되기 마련이다. 그리고 우리는 어쩌면 그 여러 가지 것들에 대한 당신의 의향을 살펴보고 싶었을지도 모른다.

우리 중 몇몇은 당신의 반응을 듣는 것을 잠시 미룬 채, 준비한 것을 끝까지 진행하고 싶어 할 수도 있다. 그렇게 하도록 하라. 우리가 가장 편안한 마음으로 의견을 제시할 수 있도록 하라. 그렇게 하는 것이 우리의 생각을 진정으로 이해하기 위한 최선의 기회를 당신에게 줄 것이기 때문이다.

정말로, 경청하는 일에 특별한 노력을 기울여주기를 바란다.

발표하는 일은 일종의 공연과도 같다. 마치 공연 중 음정을 틀렸다고 해서 노래 중인 가수를 방해하지 않듯이, 마음에 들지 않는 일부분을 작업자에게 말할 수 있을 때까지 충분히 기다려 주어야 한다. 당신은 반응을 보여줄 충분한 기회를 갖게 될 것이다. 그리고 그때가 오면, 가장 좋은 시작은 다음과 같은 질문들이다.

그 색을 사용한 이유가 무엇인가요?

글귀가 많은 이유가 무엇인가요?

그 이미지로 시작한 이유가 무엇인가요?

이런 제안은 무언가를 결정내리기 전에 당신이 이해하지 못하는 것들에 대해서도 좀 더 많은 정보를 얻기 위함이다. 만일을 대비해, 당신의 거침없는 감정적 반응이 문제를 해결하기 위한 유익한 대화를 방해하지 않게 하기 위함이다. 당신이 어떻게 느끼는지는 중요하다. 그러나 당신이 어떻게 생각하는지는 더욱 중요하다.

(이 단계에서는) 실행 여부보다는 그 디자인의 기획 의도에 더 집중하라. 일단 당신이 각 해결책의 의도(the why)에 동의한다면, 당신은 그것의 구체적 실행(the how)에 대해서도 얘기할 수 있게 될 것이다. 그러나 작업의 이러한 두 가지 측면을 구분하고, 그들을 각각 따로 다루는 것이 굉장히 중요하다(그리고 작업 과정에 큰 도움이 된다.).

한 가지 더, 여러 개의 해결책이 제시되었을 때, 고객들은 종종 묻는다. "당신(디자이너)은 어떤 것을 제일 좋아하는지 물어봐도 되나요?" 대답은 "그렇다!"이다. 다만 우리가 당신의 피드백을 듣고 나서 말이다. 우리가 소심해져서 그러는 것이 아니다. 단지 발표 때의 우리의 대화는 우리의 의견만을 전달하기 때문에 그러는 것이다. 우리는 우리의 의견에 의해서 작품의 결정권이 영향을 받는 것을 원치 않는다.

34.
공정하게
판단하라

Dear Client:
This Book Will Teach
You How to Get What You Want
from Creative People

때로, 디자인을 판단해야 할 기회가 주어졌을 때(특히, 그것이 처음이라면), 사람들은 비판적인 태도가 필수라고 생각한다. 때로는 그렇다. 그러나 당신이 꼭 명심해야 할 점은 작품을 더 낫게 만들기 위해 디자인 작업자와 협업을 하는 것이 당신의 주된 목표이지, 비판적인 태도를 취하는 그 자체가 아니라는 것이다. 무슨 말이냐면,

당신의 돈을 값어치 있게 하기 위해 혹평하지 말라는 것이다.

어떤 고객들은 그들이 심지어 작품의 모든 것이 맘에 들 때라도 많은 메모를 남기려고 한다. 당신은 실제로 염려되는 부분에만 신경 쓰면 된다. 만약 당신이 보기에 그 작품이 흠잡을 데 없다면, 당신이 지불한 비용은 이미 충분히 보상받은 것이기 때문이다.

작품이 모든 면에서 절대적으로 완벽해질 것에 대해 염려하지 말라(절대 그럴 일 없다.).

이 문제는 로고를 디자인할 경우에 종종 떠오른다. 한 성공

한 기업이 적극적이지도, 친화력 높지도 않은 브랜드를 가지고 있었다고 가정해보자. 그들은 회사의 진정한 정체성을 만들어줄 전문적인 디자이너를 고용할 정도로 충분히 성장했다. 새로운 로고를 판단할 시점이 올 때에 (그 방에 있던 사람들의 만장일치에도 불구하고), 그 로고가 회사가 바라는 모든 것을 충족시켜줄 만한 것인지에 대한 걱정이 갑자기 생기기 시작했다. 그들이 바라보아야 할 목표는 그 디자인이 회사의 가장 중요한 목적들을 달성했는가에 대한 것이다. 그 밖의 나머지 것들은 시간의 흐름에 따라 성공적인 기업 이미지가 그 브랜드(즉, 로고)에 스며드느냐에 관한 문제이다.

당신의 의견을 의심하지 말라.

용기를 내어 배짱 있게 전진하라. 당신은 이미 회사, 프로젝트, 최우선 순위, 좋아하는 것과 좋아하지 않는 것들을 알고 있다. 하나 더, 당신이 피할 수 없는 것이 있다. 당신이 최종 결정권자라는 것이다. 물론, 만약 이와 같은 특정 순간에 어느 한 방향을 선택하지 못하겠다고 생각된다면, 그렇다고 말하라. 디자인 작업자들은 생각하고 고치는 데에 엄청난 시간을 쏟는다. 그렇기에 모든 시각에서 고려해야 할 여지가 더 필요하다고 말한다 해도 충분히 이해해줄 것이다.

한 똑똑한 고객이 언젠가 나에게 이렇게 말한 적이 있다. "지금 당장은 첫 번째 아이디어가 더 마음에 들어요. 하지만, 생각해보니 내일은 두 번째 아이디어를 더 좋아하게 될 것 같아요. 그래서 두 번째 것으로 해야겠어요."

35.
모든 것에
대하여
질문하다

Dear Client:
This Book Will Teach
You How to Get What You Want
from Creative People

각분야마다 각각의 비밀스러운 은어와 암호가 있다. 디자이너들의 세계라고(그리고 다른 창의적 전문 직종도) 다르지 않다. 우리는 종종 우리의 전문지식이 다른 이들에게 공유되지 않는다는 사실을 잊어버리는 경향이 있다. 따라서 우리가 만약 '민감도(responsiveness)'라는 말을 내뱉거나, 무의식적으로 당신이 PMS*, CMYK**, RGB***, 혹은 HEX ****컬러의 차이를 이미 알고 있을 것이라고 생각하고 행동한다면, 우리의 설명을 잠시 멈추고 그것들에 대해 설명해달라고 요청하는 것이 좋다. 때때로 어떤 특정한 소통법에는 시간과 돈을 절약하는 기술적인 이유가 있기 마

---

* PMS란 팬톤 매칭 시스템, 즉 미국의 Pantone사에서 인쇄 및 소재별 잉크를 조색하여 규정한 수천 개의 일련번호가 붙여진 컬러가이드 시스템을 말한다. 이 시스템을 가지고 디자이너들은 서로 오해 없이 명확하게 지정된 색깔을 생산하거나 제작할 수 있게 된다.

** CMYK란 청록색(Cyan), 자홍색(Magenta), 노란색(Yellow), 그리고 검은색(Black)을 뜻한다. 어떻게 조합하느냐에 따라서, 이 네 가지 기본 색깔을 가지고 모든 색의 이미지를 출력할 수 있다. 당신이 알아챘을 수도 있지만, CMYB라고 부르지 않고 CMYK라고 부르는 이유는 K가 검은 색상인 'Key plate'의 'Key'를 뜻하기 때문이다. 또한 청색(Blue)의 'B'와 혼동하지 않기 위해서이기도 하다.

*** RGB는 빨강, 초록, 파랑을 말한다. 이것은 비디오나 컴퓨터 모니터의 컬러 시스템이다. 적절한 모니터의 조건으로 216RGB의 하위군이 있기는 하지만, 심지어 어떤 색깔들은 모니터마다 달라지기도 해서 최종 색감의 차이가 생기기도 한다.

**** Hex 컬러는 3-바이트의 16진법을 말한다. 프로그래밍 코드에 있어서 RGB색을 표현하는 또 다른 방식일 뿐이다.

련이다. 우리는 우리의 전문 분야이기에 아는 것이 당연하다. 당신이 만약 우리를 멈추지 않는다면 당신에게는 그것을 알 방법이 없을지라도 말이다.

따라서 원하는 만큼 자주, 많이 질문하라. **당신이 질문한다고 아무도 어리석다고 여기지 않는다.** 질문들을 통해 더 잘 이해하고 싶어 하는 것처럼 보일 뿐이다. 모든 것을 이해하는 척하는 것? 글쎄, 잘못된 결정을 내리게 할 뿐이다. 거기까지 생각하지 않는다 하더라도, 만약 당신이 우리가 내린 해결책이 어떤 과정을 거쳐 나온 것인지 이해하지 못한다면, 어떻게 그다음 사람, 혹은 당신의 상사가 당신에게 같은 질문을 던졌을 때에 설명을 해줄 수 있겠는가? 더 중요한 것은 (우리 입장에서 볼 때), 이해하지 못하는 상황은 고객으로 하여금 수긍하지 못하는 상황으로 가게 한다는 것이다. 물론, 우리가 작업해온 것들을 당신이 이해하도록 도울 수 있다면, 당신의 마음을 바꿀 가능성도 있다. 그러나 당신이 우리에게 물어보지 않으면 무엇이 당신을 헷갈리게 하는지 우리로서는 알 길이 없다.

36.
상상하지 못했던
것들에 대해
항상 열린 마음을 가져라

Dear Client:

This Book Will Teach
You How to Get What You Want
from Creative People

당신은 거대하고 강력한 시연을, 온 땅에 퍼지는 당신의 메시지를 담은 해결책을 기대했을 수 있다. 그러나 그저 속삭임을 들었을 뿐이다. 혹은 어쩌면, 치밀하고 미묘하고 섬세한 어떤 것을 기대했을 수 있다. 그리고 당신 앞에 펼쳐진 것은 두꺼운 빨간 막대에 적힌 굵직한 글씨였을 수 있다.

그런 경우에는…

숨을 한 번 크게 들이쉬라.

어쩌면 두 번.

혹은 세 번.

단지 생각하고 있던 것이 아니라고 해서 그 커브볼을 완전히 배제하지 않기를 바란다. 깜짝 놀라는 것은 어쩌면 당신의 첫 반응이 될 수 있겠지만, 당신의 마지막 반응이 되어서는 안 된다. **깜짝 놀라 있는 동안에는 어떤 것도 결정하지 않기를 바란다.** 그 작품에 대한 어색함과 부정적인 인상이 사그라지고 나면, 그것이 가진 잠재성에 대해 생각해보라. 당신이 충격에서 회복되는 동안, 디자이너에게 한 번 더 설명해줄 것을 요청하는 것도 도움이 된다. 당신의 염려를 말하고 그녀에게 설명하도록 하라.

어떤 이는 훌륭한 건물은 훌륭한 설계자가 짓는 것이 아니라 훌륭한 고객이 짓게 하는 것이라고 말한다. 이 말에서 명사와 동사만 바꾼다면, 디자인 작업에도(다른 창의적 전문직에도) 해당된다. 우리가 해낼 수 있는 만큼만 당신에게 제공할 수 있는 것이지만, 그 해결책이 당신이 기대한 것이 아니라면, 열린 마음으로 대화를 하라. 그러한 상황은 대화가 필요한 것이지, 명령이 필요한 것이 아니다.

나에게 있어, 모든 규칙을 깨는 최고의 해결책은 그것들이 꼭 그래야만 한다는 선입견을 없애는 것이다. 과거 SNL (Saturday Night Live, 유명 TV쇼)의 캐릭터인 스튜어트 스몰리(존

경받는 알 프랑켄 미국 미네소타 주 상원의원이 연기했다.)의 말처럼, "인생을 의무로 채우지 마세요.(Don't should all over yourself.)"인 것이다('Should'라는 말은 끔찍하리만큼 운동력이 있다.). 멋지고 훌륭한 무언가를 만들어낼 기회를 놓치는(혹은 방해하는) 것인 셈이다.

성공한 기업가이자 베스트셀러의 저자 세스 고딘은 "무언가 새로운 것을 배우는 게 어려운 이유는 기존의 당신에게 동의하지 않는 다른 누군가로 당신을 바꿔야 하기 때문이다."라고 말했다. 무서운 말이다. 특히 현재의 자신을 좋아하는 우리 같은 사람들에게는 더더욱 말이다. 그러나 신념에 대해 질문하는 행동은 당신을 계속 성장시킨다. 단지 현재의 당신과는 다른 버전의 사람으로 만드는 것 뿐 아니라 더 나은 사람으로 말이다.

37.
그렇게 말하지 말고,
이렇게 말하라

Dear Client:

This Book Will Teach
You How to Get What You Want
from Creative People

때때로 협업을 삐거덕거리게 만드는 것은 말하는 내용 때문이 아니라 말하는 방식 때문일 것이다. 퉁명스러움, 독단적 태도, 모호함 모두 방해가 되는 것들에 해당된다. 따라서…

말하지 말 것: 빨간색으로 만들어주세요.

말해야 할 것: 좀 더 명확하고 강한 인상을 주었으면 해요.

말하지 말 것: 더 크게 만들어주세요.

말해야 할 것: 만약 좀 더 두드러지게 만든다면 이 이미지가 어떻게 보일지 궁금해요.

말하지 말 것: 손글씨체를 쓰세요.

말해야 할 것: 손글씨*의 느낌을 받고 싶어요.

---

* 실제 '손글씨'는 놀랍고 아름답다. 그리고 (종종) 소통에 진정성과 무게를 실어준다. 하지만 '손글씨체'는 정반대의 효과를 내는 경향이 있다. 그들은 분명히, 아이러니하게도 무언가 '진짜'를 흉내 내려는 척한다. 몇몇 좋은 '손글씨체'가 있긴 하지만 언제나 정확히 똑같아 보이는 각각의 글자들은 진짜 '손글씨'와는 절대적으로 다르다.

말하지 말 것: 싫어요.

말해야 할 것: 나에게 이것을 설명해줄래요?

말하지 말 것: 내가 지금 보고 있는 것이 이해가 안 되요.

말해야 할 것: 왜 이 방향으로 결정하게 되었는지 설명해줄래요?

말하지 말 것: 다시 해보되, 다르게 만들어볼 수 있나요?

말해야 할 것: 내 생각에는 이랬으면…. (당신이 바라는 것 중 다른 것은 무엇이든지)

말하지 말 것: 마음에 들어요(만일 실제로는 마음에 들지 않는다면).

말해야 할 것: 내 생각에 정말 괜찮은 것 같아요. 하지만 내 생각을 정리할 시간이 좀 필요할 것 같아요.

말하지 말 것: 당신이 바꾸어 주었으면 하는 것들은 이런 것들이에요.

말해야 할 것: 정말 수고 많았어요. 하지만 이야기 나누고 싶은 약간의 걱정거리가 있어요.

말하지 말 것: 당신이 이렇게 해주었으면 해요.

말해야 할 것: 우리는 당신의 전문성을 보고 고용하는 거예요. 그러니 이 작업을 어떻게 했으면 좋을지 우리에게 말해주세요.

말하지 말 것: 로고 하나에 얼마 받나요?

말해야 할 것: 우리가 찾는 것은 이것입니다. 그리고 여기에 이상적인 계획표가 있어요. 그러니 제안서와 함께 다시 찾아와주세요.

말하지 말 것: 작은 작업이니, 계약서를 쓸 필요 없습니다.

말해야 할 것: 우리가 계약서를 쓰기를 원하세요? 아니면 당신이 하길 원하시나요?

말하지 말 것: 이것처럼 보이게 만들었으면 좋겠어요.

말해야 할 것: 우리가 좋아하는, 그리고 적절하다고 생각되는 몇몇 작품의 예시가 여기 있어요.

말하지 말 것: 저는 이 서체를 그다지 좋아하지 않아요.

말해야 할 것: 이것과 다른 형태의 서체를 좀 보여줄 수 있나요?

말하지 말 것: 우리는 많은 금액을 지불할 수는 없어요. 하지만 당신의 작품을 가능한 멋지게 전시해드릴게요.

말해야 할 것: 이것이 우리가 할 수 있는 한도 금액이에요. 당신에게 적절한 금액이길 희망해요.

말하지 말 것: 이것은 내가 상상하던 것이 아니에요. 그래서 적합하다고 생각하지 않아요.

말해야 할 것: 하루나 이틀 정도 이것을 가지고 생각해볼게요.

말하지 말 것: 어젯밤, 저녁 식사 때에 핸드폰으로 당신의 작품을 친구들에게 보여주었어요. 그런데 그들이 좋아하지 않았어요.

말해야 할 것: 나의 동료 몇 명과 얘기해보았어요. 그리고 당신과 얘기하고 싶은 몇 가지 문제점들을 찾아내었어요.

말하지 말 것: 우리는 이 프로젝트의 8가지 목표를 완료해야 해요.

말해야 할 것: 이것이 우리의 가장 중요한 목표입니다. 하지만 우리가 완료하고 싶은 부차적인 목표들도 있어요.

말하지 말 것: 이 버전에 저 버전을 합칠 수 있을까요?

말해야 할 것: 이것이 내가 이 버전에 대해 좋아하는 부분이고, 이것이 저 버전에 대해 좋아하는 부분이에요. 이와 같은 정보를 가지고 무엇을 할 수 있나요?

말하지 말 것: 과거에 항균처리 이유식 포장을 디자인해본 적이 있으신가요?

말해야 할 것: 이 프로젝트와 관련하여 당신이 과거에 해본 작업에 대해 이야기해줄 수 있나요?

말하지 말 것: 두 가지 아이디어 다 마음에 들어요. 그래서 A/B 테스트를 하려고 해요.

말해야 할 것: 두 가지 아이디어 다 마음에 들어요. 하지만 일단 이걸로 해보죠.

38.
가라니멀스
(촌스러운 짝맞춤, Garanimals)를
조심하라

Dear Client:

디자이너들은 종종 한 개 이상의 아이디어를 제시한다. 여러 가지 이유에서 그렇게 하는 것이지만, 가장 큰 이유는 이것이다. 우리는 마음에 드는 몇 가지 방향을 가지고 있다. 하지만 당신과 처음 일하는 것이기에 어떤 작품이 당신에게 최고가 될지 예측하기가 쉽지 않다 (걱정하지 마라. 우리는 당신이 고르지 말았으면 하는 방향은 절대로 보여주지 않는다. 비록 우리가 그것을 선호할지라도 말이다.)

이 전략의 단점은 **종종 고객들이 주어진 다양한 선택지를 각각의 완성된 작품으로 보기보다는 섞어서 끼워 맞춘 식의 작품으로 본다는 것이다.** 물론, 우리는 고객들이 각 아이디어 중에서 특정 요소를 항상 좋아한다는 것을 알고 있다. 그리고 당신이 특정 디자인 기획의 구체적 요소를 집어내어 좋아하는 것과 좋아하지 않는 것을 묘사하는 것이 의견을 나눌 가치가 있다는 것도 알고 있다. 문제는 우리로 하여금 한 작품의 일부분을 떼어내어 다른 작품의 일부분과 결합시키기를 원한다는 데에 있다. 그것은 가라니멀스(Garanimals)를 만들어낸다. 각각의 원래 작품보다도 효과가 더 떨어지는 해결책이다(가라니멀스에 대해 잘 알고 있지 않은가? 색을 선정하였지만 위아래를 잘못 매치한 70년대 초반 아동복 패션 말이다.).

특정 요리마다 선호하는 각각의 맛이 있다고 해서 식재료를 서로 다른 조리법으로 요리하는 것을 상상해보라. 당신은 이미 모짜렐라 치즈와 바질이 사천 카레와는 잘 어울리지 않는다는 것을 이미 알지도 모른다. 각각의 작품의 맥락에서는 잘 어울리는 부분을 무작위로 조합해 요상하고 맥락 없는 뒤죽박죽을 만들었을 때, 디자이너가 어떻게 느낄지 상상해보라.

대신에, 우리로 하여금 각 디자인의 장점과 단점에 대한 당신의 의견을 고려하게 하라. 그 후, 당신의 마음에 든 요소들이 전혀 포함되지 않고서도 찾고 있던 효과를 이루어내는 새로운 해결책을 만들어내도록 하라. 당신은 오려내기-붙여넣기 작업을 원치 않을 것이다. 그저 조각들을 합친 것보다는 나은 무언가를 원하는 것이다.

가라니멀스가 왜 문제인지 보여주는 완벽한 예가 여기에 있다. 내가 모 회사의 브랜드 정체성에 대한 디자인 발표를 하고 있을 때였다. 그 방에 있던 절반의 사람은 우리 팀이 고안한 로고를 좋아했지만, 나머지 절반은 다른 것을 선호했다. 당시에 그들이 내린 합의점은 그 두 아이디어를 합치는 것이었다. 끔찍한 생각이 아닐 수 없다. 그들은 하나하나의 요소들이 아닌 전체를 보는 시각으로 로고를 생각해야 한다는 것을 이해하지 못했다. 우리는 브랜드 로고 발표에 대한 그들의 반응을 심사숙고한 뒤 전혀 새로운 쪽으로 디자인하였다. 의견이 나눠졌었던 방의 사람들은 새로운 아이디어를 보고 나서, 본래의 선택지와의 차이점을 실감하며 처음 제시되었던 것들 중 하나를 선택하기로 최종 동의하였다. 그때 결정된 작품은 아직도 그 회사의 로고로 남아 있다.

가라니멀스 문제에 직면한 또 다른 사례 역시 작업에 많은 어려움이 있었다. 우리는 해변가에 위치한 어떤 호텔을 새로이 복고풍의 스타일로 꾸며줄 것을 요청받았다. 우리는 화가를 고용해 건물에 옛날 느낌이 나는 그림들을 그리게 했고,

빈티지 느낌과 짝을 이루는 로고와 서체 도안을 디자인했다. 내가 보기에도 정말 아름다운 조합이었다. 우리가 디자인을 거의 다 완성해나갈 무렵, 의뢰인이 말하길 그들이 지금까지 사용 중이었던 현대적 느낌의 로고를 계속 유지하기로 결정했다고 하면서, 지금까지 작업한 모든 것에 그것을 포함시켜 주기를 요청했다. 놀랍게도 전혀 어울리지 않고 각 부분들은 서로 상충되었다. 우리는 기존의 로고에 맞춰 전혀 새로운 작업을 다시 하거나, 우리가 만든 '빈티지'풍의 작품으로 갈 것을 강력하게 추천했다. 안타깝게도 그들은 그 어느 것도 결정하지 못했다. 엄청난 시간과 비용의 낭비일 수밖에 없었다.

물론, 하나의 디자인에 속해 있는 세부적인 요소가 다른 디자인과 잘 어울리는 경우도 있기는 하다. 그러나 나는 대부분의 경우에, **창작의 결과물을 태생적으로 분리 불가능한 하나의 것으로 여기는 것이 훨씬 낫다고 약속할 수 있다**. 아이들의 옷 꾸미는 것에 적합한 작업은 당신의 브랜드를 꾸미는 데에는 적용되지 않는다.

39.
피드백을 줄 때의
유의할 점

Dear Client:

This Book Will Teach
You How to Get What You Want
from Creative People

좋은 고객이 된다는 말은 '쉬운' 고객이 된다는 것과 동의어가 아니다. 사실, 때때로 디자이너들에게 도전하고 질문하는 고객들이야말로 최상의 결과를 얻기도 한다. **당신은 단호하고 고집이 세고 적극적이면서도 동시에 여전히 이상적인 고객이 될 수 있다.** 그것이 기가 막히게 멋진 협업을 만드는 비결이다.

40.
"내가 보기에" /
"혹시 만약에"

Dear Client:

창의적 작업의 협업에서 가장 설레고 두근거리는 순간은 당신이 그 작품을 처음으로 보게 되었을 때의 그 거대한 계시(Reveal)에 대한 반응을 지켜보는 것이다. 방 전체의 사람들은 지혜로운 답변을 기다리며 (고객인) 당신에게 고개를 돌릴 것이다. 어쩌면 당신은 마음에 들어 하는 것과 싫어하는 것, 그리고 그 이유에 대해 즉각적으로 알아차릴 수도 있을 것이다. 그러나 대부분의 경우, 어떻게 느끼는지 확신이 서지 않을 때가 더 많다. 그와 동시에, 우리는 우리의 협업 과정 중에서 상처받기 쉬운 순간에 처해 있는 셈이다. 그리고 당신의 반응은 (어떻게 전달하는지에 따라) 그다음 작업 과정에 많은 영향을 끼친다. 여기에 감정을 확실히 표현하면서도 디자인 협업자의 감정을 배려한 안전한 방법이 있다.

"내가 보기에, _____" 문장으로 시작하라.

예시:

"내가 보기에, 그 이미지는 굉장히 설득력 있어 보여요. 그리고 색감에 대해서는 우리의 요구를 정말 잘 따라주었어요."

"내가 보기에, 해결점을 넘어 너무 다양한 방법들을 가지고 그 로고를 작업하는 것 같아요. 선택지가 너무 많아요."

"내가 보기에, 이 발표 제안은 나를 무척이나 기분 좋게 만드네요."

(아직은) 판단을 포함시키지 않은 채로, 당신이 작품으로부터 실제로 느낀 어떤 것으로 빈칸을 채우라. 심지어 그 발표 제안이 포괄적이라든지, 혹은 발표자가 그 작품에 대해서 신이 나 있었다고 알아챌 수도 있을 것이다. 만약, 아무런 생각이 떠오르지 않는다면, 이렇게 말해보라 "내가 보기에, 여러분은 정말 열심히 이 발표를 준비한 것 같아요." 이런 방법은 당신이 분명한 것을 말하고 있다고 느끼게 할 것이다. 내 말을 믿어도 좋다. 당신에게 '분명한' 것은 우리에게 들을 가치가 있는 것이다.

이 방법은 어색함을 느끼는 순간을 모면하게 해줄 뿐만 아니라, 당신과 디자인 작업자 모두에게 정보를 제공해주는 기회가 된다. 디자이너들은 당신의 시선으로부터 나온 간단한 언급에도 많은 것들을 수확한다. 어쩌면 그들은 전혀 다른 어떤 것을 전달해주는지도 모른다. 어쩌면 당신에게 눈에 띄었던 것은 그들이 중요한 것으로 다루지 않으려 했던 것일 수도 있다. 어쩌면 그들은 심지어 그것이 거기에 원래 있었는지 알아채지 못했던 것일 수도 있다.

그다음, 자연스럽게 "혹시 만약에 _____" 문장으로 넘어가기 바란다.

예시:

"혹시 만약에 내가 말(Horse) 그림으로 시작하자고 요청하지 않았다면 당신이 어떻게 작업했을까요?"

"혹시 만약에 다른 색감으로 만들었으면 어떻게 보여질까요?"

"혹시 만약에 우리의 우선순위를 다시 고려해야 한다고 생각한다면, 당신 생각은 어떤가요?"

"내가 보기에"와 "혹시 만약에"로 시작되는 문장은 당신 입장에서 비판적이지 않게, 그리고 그들 입장에서 방어적이지 않게 열린 마음으로 대화를 풀어나가도록 도와준다. 당신은 디자인 작업자에게 어떤 것을 하라고 말하지 않는다. 당신은 그에게 느낌을 전달하고 그것에 대해 반응하라고 하는 것이다. 지시하는 것이 아닌 궁금해하는 것이다. **"내가 보기에"와 "혹시 만약에" 문장들은 건설적이고 창의적인 대화를 하느냐, 서로를 설득하려 하느냐에 따라 달라질 수 있다.**

그리고 얼마든지 좀 더 자연스럽다고 느껴지는 단어들을 쓸 수 있다. 예를 들면 "내가 도울 수는 없지만 내가 느끼기에는"이라 말하던지, "만약 그렇게 한다면 어떨 것이라고 생각하나요?"가 좋을 것 같다. 핵심은 스스럼없이 이야기해 보는 것이다. 단, 주제에서 벗어나는 것을 막아줄 약간의 조심스러움만 가진다면 말이다.

41.
어떤 것을
즉시 좋아하게 되는 것도
괜찮다.

Dear Client:

이것은 문제될 것이 없어 보인다. 그러나 그 것은 고객들을 어리둥절케 만들기도 한다. 이런 현상은 그들로 하여금 모든 것이 지나치게 쉽게 되었다고 생각하게 만들거나, 혹은 그들이 지불한 비용의 값어치를 하지 못했다고 생각하게 만들기도 한다. 그렇다. 이상하다고 생각이 드는 것도 당연하다. 그러나 두 번 정도의 수정 및 보완 절차를 포함하는 아주 일반적인 프로젝트의 경우, 최고의 고객마저도 우리가 완벽하게 해낸 첫 번째 발표 제안에서 수용하는 것을 주저할 수도 있다.

따라서 작업의 즉각적인 성공을 당신이 우리에게 브리프를 잘했기 때문이라는 생각으로 연결 짓기 바란다. 그리고 당신이 표현했을 때에 우리가 필요에 따라 효율적으로 소통했기 때문이라고 생각하기 바란다.

축하할 일이다! 그리고 앞으로 전진해야할 이유이다.

42.
본 것이
마음에 들지 않을 때
해야 할 것들

Dear Client:

This Book Will Teach
You How to Get What You Want
from Creative People

이런 일은 언제든지 일어날 수 있다. 심지어 환상적인 재능을 갖춘 디자이너에게도 말이다. 그러나 당신이 어떤 반응을 보이느냐에 따라 그다음에 일어날 일에 큰 차이가 생긴다. 따라서 즉각적이고 자동적인 거절을 하지 않도록 주의해야 한다.

많은 질문을 던지는 것으로 시작하는 것보다는 현재 보고 있는 것을 좀 더 완전하게 이해하려고 노력하는 것이 중요하다. 특히 우리가 우리의 생각을 충분히 설명하지 못했다면 더더욱 말이다. 우리가 왜 이 특정한 사진을 고르게 되었는지, 혹은 특정한 색깔들을 선택하게 되었는지 물어보는 것은 당신이 혹은 놓칠 수도 있었던 장점들을 보게 하는 데에 도움이 될 수 있다. 비록 그 결과물을 좋아하지 않다 하더라도, 그 의도는 아주 많이 좋아하게 될지도 모르는 일이다.

또한 당신이 기대하지 않았던 것이기에 단순히 부정적으로 반응할 수도 있을 거라는 가능성도 고려해볼 수 있다. 인간의 뇌는 결정을 내리는 일을 가능한 쉽게 만들기 위해 진화한 기대치—예상—기계와 같다. 우리가 이미 알고 있거나 믿는 것은 선택을 점점 강화시키고, 새로운 것이거나 익숙하지 않은 것들에 대해서는 결정 능력을 약화시킨다. 다른 말로, 종종 최선의 아이디어는 익숙함을 어느 정도 가지고 있는 것이라는 말이다(No.36, 상상하지 못했던 것들에 대해 항상 열린 마음을 가져라 참고).

즉각적인 실망을 다루는 한 가지 방법은 솔직해지는 것이다. 그것이 당신에게 적합한지 확신이 없다고 말하고 나서 그것에 대해 생각할 시간을 요청하는 것이다. 어쩌면 그다음 날, 당신의 기대치를 현실로부터 떼어내고 난 후 그것을 다르게 느낄 수도 있다. 어쩌면 그렇지 않을 수도 있다. 그러나 당신의 문제를 설명할 더 맑은 정신을 갖게 되는 것이다.

이런 순간을 위한 또 다른 전략은 마음에 들었던 아주 사소한 부분에 대해 이야기해보는 것이다. 서체의 선택, 여백이나 배열, 그 어떤 것도 좋다. 왜 그것을 좋아하는지 당신 스스로에게, 혹은 우리에게 물어보라. 왜 그것이 당신 마음을 사로

잡는가? 폭풍과 같은 분위기를 좀 더 느슨하게 만들기 위해서 추가로 말하자면, 어떤 한 부분에서 서로가 동의할 만한 것을 찾아내는 것은 여정을 전진시키기 위한 좋은 첫걸음이 될 것이다.

43.
그래서
당신이 더 낫게
만들 수 있다고?

Dear Client:

This Book Will Teach
You How To Get What You Want
from Creative People

충동적으로 그렇게 생각할 수 있다고 이해는 하지만, 당신이 창의적 작업자가 아니라는 것을 명심하는 것은 매우 중요하다. 그 말은 당신 스스로 그 문제를 해결할 필요가 없다는 뜻이다. 해결 가능한 문제 하나를 찾아내는 것보다 고객의 목표에 대해 소통하는 것을 더 중요하게 생각하기에, 내가 종종 짚고 넘어가는 것이기도 하다. 예를 들자면, 나는 이렇게 말한다. **"저에게 그것을 노랗게 만들어달라고 요청하지 마세요. 더 화사하게 보였으면 좋겠다고 나에게 말해주세요."**

나는 결코 당신의 창의성을 억누르려는 것이 아니다. 그러나 만약 당신이 어떤 특정한 해결책을 제안하려 한다기보다, 성취하고자 하는 것에 대해 소통하려는 것이라면 우리가 맡은 일을 할 수 있는 여지를 주어야 한다. 어쩌면 색깔을 바꾸는 일이 최고의 해결책이 아닐 수도 있다. 어쩌면 노란색을 사용하는 것이 출력물의 가독성을 더욱 저해하고 화면에서 퇴색되게 만들 수도 있다. 따라서 어쩌면 우리는 그 대신 배경 이미지를 바꾸기도 하고, 혹은 서체를 다시 디자인하기도 한다. 어떤 디자인을 좀 더 화사하게 만들어달라고 요청하는 것은 우리에게 여러 가지를 시도할 공간을 주는 셈이다. 그리고 실제로 더 화사하게 보이게끔 해낸다.

44.
만약,
당신이 생각하는 것이
무엇인지 잘 모른다면?

Dear Client:

This is a Will Teach
You How to Get What You Want
from Creative People

창의적인 작업 과정에서 가끔은, 다음과 같은 상황에 빠져 있는 당신 자신을 발견할 수도 있다.

1. 마음에 드는 어떤 것이 있지만, 실제로도 좋을지 걱정이 되는 경우
2. 마음에 들지 않는 어떤 것이 있지만, 왜 그런지 모르는 경우

당신이 우리를 고용한 이유는 (부분적으로) 좋은 것과 나쁜 것, 그리고 그 중간에 있는 회색지역을 식별하는 우리의 취향과 능력 때문이다. 그러나 우리는 왜 당신이 좋아하는지 혹은 싫어하는지를 단어로 구사할 수 없다는 사실을 충분히 이해한다. 그저 그렇다고 우리에게 말해주면 된다.

우리는 당신이 충분한 문단으로 말할 수 있도록 돕기 위해 많은 질문들을 하게 될 것이다. 우리가 작업할 수 있는 결론에 다다르기 위해, 불편함을 잘 헤쳐나갈 수 있도록 안내하면서 말이다. **비록 어떤 특정한 결론들이 없을지라도, 그것에 대해 말하는 것은 우리가 대응하는 데에 도움이 된다.** 우리는 더 질문하게 될

것이고, 어쩌면 다른 작품들을 함께 보기도 하며, 당신이 느끼는 방식에 대해 더 완전히 이해하려고 노력할 것이다.

다음의 말을 기억하라. 어떠한 대답도 그것만으로는 옳거나 그르다고 말할 수 없다. 효과가 있는 해결책으로 계속 따라가다 보면 그 프로젝트는 목표가 되어 있을 것이다. 그곳에 도달하기 위해 우리와 같이 노력해달라.

그리고 당신의 초점을 그 보상에 항상 두라. 성공적인 협업 말이다. 모든 이가 승리하거나, 모든 이가 실패하는 것이다. 그렇게 할 수 있는 여지를 우리에게 준다면 우리는 함께 더 나은 결과를 만들 수 있다.

45.
피드백은
한 번에 모두 말하라.

Dear Client:

새로운 누군가를 만나서 자신의 프로젝트에 대해 이야기할 때마다 나에게 이메일을 보내는 고객이 있다. 그가 만나는 사람들은 새로운 생각들, 바꿀 것들, 새로운 관점들을 그에게 주었다. 당신이 예상했다시피, 어떤 아이디어들은 고려해볼 충분한 가치가 있기도 했고, 어떤 것들은 쓸모없는 것들도 있었다. 괜찮다. 소음으로부터 신호를 구별해내는 일이 우리가 하는 일이다. 그러나 그 어떤 피드백도 매주 찔끔찔끔 들어온다면 결코 도움이 되지 않는다.

작업에 대한 발표 제시 후에, 우리가 당신의 모든 코멘트를 받기 전에 재수정을 시작하는 일은 상식적으로 납득할 수 없는 일이다. 그렇지 않으면, 우리는 단지 허리만 아프고 비효율적인 두 걸음 전진 후, 한 걸음 뒤로 가는 과정만 겪을 뿐이다. 조각조각 전달되는 피드백은 우유부단하거나 차별성이 없거나 둘 다인 것처럼 보이게만 할 뿐이다. 우리에게는 고객이 그들이 보내는 피드백에 대한 깊은 생각이 없는 것이 틀림없다고 보이게 한다. 고객들은 분명히 새로운 코멘트와 전에 보냈던 코멘트를 서로 상충이 되는지, 아니면 서로 보완이 되는지 비교하지 않은 것이다. 그리고 의도치 않게 우리가 결정을 해 버리도록 만들어 버린다.

각각의 결정권자로부터 피드백을 모으고, 그것들을 한데 모아 당신 자신의 의견으로 정리하기까지 한 주가 걸린다고 우리에게 말하는 것이 훨씬 나을 것이다. 그런 후에 당신은 모든 지적이 유효하고 서로 상충되는 방향이 없음을 확인할 수 있다. 그러고 나서, 모든 의견들을 저울질해보고, 어떤 것들이 우리가 고려할 만한 것인지 결정하는 것이다. 이것은 매우 큰 책임감이다.

당신이 설득력이 없다고 느낀 나머지 삭제시킨 코멘트 하나가 우리에게는 며칠의 작업량을 아낄 수 있게 해준다. 반대로 만약 진정한 가능성을 가진 아주 심각한 코멘트라면, 충분히 탐사할 만한 가치가 있는 것이다.

여기에 또 하나의 함정이 있다. **우리가 처리해야 할 이메일의**

숫자가 크면 클수록, 중요하게 다루어야 할 것이 그 속에 섞여 사라질 가능성도 높아지는 것이다(이것이 무슨 말인지 나도 알고 당신도 안다.). 대신에, 만약 우리가 그 작업에 대한 하나의 이메일을 받게 된다면, 우리가 그것을 체크리스트처럼 사용할 수 있게 될 뿐만 아니라, 우리에게 그 모든 코멘트들이 어떻게 함께 효과를 내어 우리의 다음 단계들을 위한 사려 깊은 해결책을 제안하게 되는지 고려할 기회도 주는 셈이다.

내가 가장 좋아하는 피드백 방법은 당신이나 우리로부터 전화 통화와 글로 적힌 목록을 함께 주고받는 것이다. 전화 통화는 우리가 듣고, 질문하고, 대답하는 과정을 동시에 다 할 수 있기에 필요한 것이다. 목록은 우리가 전화상으로 나눈 이야기와 우리가 동의한 것에 대한 요약을 담고 있기 때문에 아주 중요하다. 당신은 누군가의 전화 통화상의 기억만 의지하는 것을 원치 않을 것이다. 왜냐면 사람들은 종종 다른 결론들을 가지고 떠나 버리기 때문이다.

나는 나의 디자이너들에게 나의 피드백을 정확히 따르라고 말한다. 그런 후에, 그들이 생각하기에 옳은 대로 그 작업이 개선되는 방식에 근거해서 실행하라고 말한다. 우리도 고객들에게 똑같은 방식으로 작업한다.

어쩌면 당신은 진정으로 우리가 꽃무늬 요소를 추가하기를 바랄 수도 있다. 그러나 우리가 그렇게 했을 때, 효과가 없으리라는 것을 우리는 안다. 우리는 당신이 요구한 것을 보여줄 것이고, 그런 후에 당신이 바라는 효과를 유념하면서 우리가 생각하기에 더 적절한 것을 보여줄 것이다.

또 다른 어려운 상황은 고객들이 좋다는 신호를 보낸 뒤에 그들의 마음을 바꾸었을 때이다. 그 작업이 건축 프로젝트라고 생각해보라. 지층이 다 부서지고 난 후, 전의 건물을 재차 고려하면서, 그것을 예전처럼 되돌리는 것은 비용이 많이 든다(그리고 시간과 에너지의 엄청난 낭비이다.). 그것은 또한 우리의 정신을 어지럽히고, 하나로 통합된 창작의 가능성을 창밖으로 던져 버리는 행동이다.

말하자면, 이 같은 상황은 심지어 모든 최선의 의도를 가지고도 가능할 수도, 일어날 수도 있는 일이다. 만약 당신이 수정으로 인한 감정적인 희생을 감안하고서라도 작업 방향의 전환을 시작하고자 한다면, 그것에 뒤따르는 것은 실망스러운 결과가 되기 쉽다. 그리고 물론, 당신은 이 변화로 인해 발생되는 초과 비용에 대해서도 알아야 한다.

46.
우리는 당신의 배우자가
어떻게 생각하는지
관심이 없다.

Dear Client:

This Book Will Teach
You How to Get What You Want
from Creative People

고객으로부터 걸려온 전화는 전형적으로 이런 식이다. "내 남편/아내/파트너/아들/딸/둘째 조카에게 당신이 작업한 것을 보여주었는데(그들이 이런 일들에 대해 나보다 훨씬 많이 아는 것처럼 들린다), 그/그녀/그들은 우리가 전혀 다른 방향으로 가야 한다고 말했어요."

당신의 인생 파트너 혹은 일족들이 탁월한 취향을 가진 멋진 사람들이라는 것에 동의하는 반면에(그리고 어쩌면 심지어 이런 일들에 대해 당신보다 더 잘 알지도 모른다), 당신이 그들에게 보여준 것은 그 프로젝트에 대한 첫 상호반응일 것이다. 그들은 디자인 작업자의 브리프를 읽지도 못했고, 우리나 당신의 동료들과 프로젝트에 대하여 나눈 이야기를 듣지도 못했으며, 우리와도 어떤 대화를 나눠본 적이 없고, 우리의 생각을 설명해준 모임에 참석해본 적도 없다. 따라서 그들의 의견을 듣는 것은 큰 좌절이 될 수밖에 없다.

오해하지 않기를 바란다. 그것이 그들의 의견이기 때문에 모두 유효하다. 모든 사람들은 각자 무작위로(심지어 불편할 정도로 많이) 오는 새로운 생각들과 관점들을 가지고 있다(나는 종종 이미 오래전에 끝낸 프로젝트들의 다른 해결책이 떠올라 잠에서 깰 때도 있다. 이것은 새로운 아이디어나 방향, 생각들의 낙심이 아니다.). 더 나아가, 당신과 가까운 사람들의 의견이 훨씬 더 적절하게 느껴지기도 한다. 고객인 당신이 그들이 흥미로워하는 요지를 진심으로 믿는다면 말이다. 따라서 당신이 일단 동료들과, 그 외의 관계된 결정권자들과 사랑하는 사람의 생각에 대해 이야기한다면, 문제될 것 없다. 오히려 당신의 디자인 전문인과의 대결에서 우위를 점하기 위해서라도 그렇게 하는 것을 추천한다.

우리가 한결같이 바라는 것은 바로 당신의 배우자에게서 나온 의견이라는 것을 말하지 말라는 것이다!

당신 의견으로 만들라. 어떤 남성이나 여성을 거론하지 말라. **대신, 원래의 브리프 때에나 우리가 대화했던 모든 사항들에 비추어서 우리에게 설명하라.** 왜냐하면 몇몇은 창의적 작업자에게 더욱 큰 좌절이 되기 때문이다(혹은 누구라도 마찬가지일 듯). 친애

하는 고객님, 우리가 함께 협업했던 것들을 차치하더라도, 우리가 열심히 작업한 모든 아이디어들이 저녁식사나 잠자리 대화에 의해서 무용지물이 될 수 있다는 것을 상상하면 말이다. 이것은 용납할 수 없는 일이며, 너무나 손쉽게 우리가 함께 쌓은 신뢰를 무너뜨릴 수 있는 일이다.

맞다! 한 가지가 더 있다. 만약, 당신의 배우자에게서 새로운 아이디어가 생겼다고 우리에게 말하면서 우리가 이제는 그 새로운 방향으로 가야 한다고 당신이 제안하는 거라면, 글쎄, 우리는 이제 사실상 새로운 고객 하나를 더 갖게 되는 셈이다. 따라서 우리가 배우자의 말한 것을 충족시키는 일은 그(그녀)가 모임에 참석하게 될 것이라는 전제하에서 공평하게 느껴질 것이다.

모두를 위해 그게 재밌지 않겠는가?

47.
두려움과
불확실함에 대하여

Dear Client:

This Book Will Teach
You How to Get What You Want
from Creative People.

디자이너들을 움직이게 하는 감정들은 희망과 낙관주의이다. 우리가 차이를 만들어 낼 수 있다고 믿는다. 우리가 차이를 만들어 낼 수 있다는 것을 안다. 당신을 위해서 말이다. 이것이 이 일을 우리가 직업으로 하는 이유이다. 우리에게 그 믿음이 없으면, 아마도 해낼 수 없게 될 것이다. 너무나도 빈번하게, 고객을 움직이게 만드는 감정들은 두려움과 불확실함이 되곤 한다. 그런 두 세트의 감정이 함께 작용하고 나면, 불만족과 좌절이 튀어나오곤 한다.

그러나 어려운 선택은 정말 어렵다. 정확히 말해 하나의 정답이 없기 때문이다. 이것은 특히 창의적인 작업을 하는 전문인들과 일할 때에 부인할 수 없는 사실이다.

공포가 작업을 이끌게 하지 말라. 특별히 창의적 노력에 있어서는 끔찍하기 그지없다. **공포는 대개의 경우 사람들로 하여금 가장 조심스러운 선택을 하게 만든다.** 나는 당신이 언제나 가장 과감해 보이는 선택을 하라고 말하는 것이 아니다. 그러나 만약 당신이 무언가를 하지 않는 유일한 이유가 공포라면, 당신은 한 발짝 물러서서 그것을 다시 분석해볼 필요가 있다.

당신은 무엇을 두려워하는가? 생길 수 있는 최악의 것은 무엇인가? 멀리 내다보고 선택을 내려 보고, 당신이 밤을 지새우게 만들 어떤 요소가 있는지(혹은 그것이 걱정의 전부인지) 알아보려고 시도하라.

당신은 운전석에 앉아 있다. 당신이 생각하기에, 처음부터 다시 시작하는 것이 최선의 해결책이라고 판단된다면, 우리는 괜찮다. 다만 그 결정을 하게 한 것이 무엇인지 이해하려고 조금만 더 노력해주면 된다. 그리고 창의적 작업지들도 효과적으로 이해하고 반응할 수 있도록, 그 결정을 잘 설명할 수 있는지만 확실히 하라.

48.
표적집단(Focus Group)이
불쾌한 이유

Dear Client:
This Book You Need
You How to Get What You Want
from Creative People

진심으로 말하건데, 위대한 작품은 위원회나 여론에 의해서 이뤄지지 않는다. 위대한 작품은 확실한 비전이나 고유한 아이디어를 가진 한 사람에 의해서 성취된다. 그리고 그것과 함께 창의적 여정을 확신시켜줄 리더십 스킬이 필수적이다. 그들은 그들을 신뢰하고 믿어주는, 위아래에서 지지해주는 팀을 가지고 있다. 그 여정은 불모지를 통과하지 않아야만 한다. 한쪽만 훤히 들여다보이는 표적집단이 거주하는 곳 말이다.

이런 집단이 책임감을 진지하게 받아들이지 않는 사람이라는 뜻이 아니다. 오히려 그 반대이다. 다국적 브랜드 기업의 전무 한 분이 나에게 이런 말을 했다. 미국 사람들은 화장지 박스 하나를 고를 때에도 정말로 상점의 통로에 서서 결정을 내리는 순간을 좋아하는 것 같다고. 그렇다. 무엇이든 그 미적 가치에 근거해서 결정을 내리는 것(그리고 값을 지불하는 것!)은 대부분의 사람들에게도 꽤 중대한 일이다.

낯선 사람들로 꽉 찬 탁자에 앉아서 '좋다'는 의미가 진짜로 무엇인지 모른 채로(마치 그들은 친절한 질문에 대답만 하면 되는 양) 좋은 결과를 바라는 사람들이 창의적인 의견 수렴에 도움이 될 리는 없다. 그 사실에 더해서, 낯선 사람들의 그룹 안에서는 주장이 강한 어느 한 사람이 위치를 정하고 나머지 사람들은 그것을 따르도록 만들어지는 분위기가 불가피해진다. 그 결과, 당신은 10명이 한 방에 있다 할지라도 십중팔구 두 개 이상의 합리적인 의견을 얻지 못할 가능성이 높다. 그건 '표적집단'이 아니다. '표적 한 쌍'이라고 할 수 있다.

더 나쁜 점은, **집단을 만드는 것은 종종 사람들로 하여금 비판하는 것이 지적이라는 착각을 들게 한다는 점이다.** "여기 보세요. 이거 멋진데요."라고 말하는 사람을 어떤 것에 대해 부정적으로 말하는 것보다 똑똑하지 않은 것처럼 보이게 한다는 것이다. 따라서 비판적인 코멘트들이 표적집단이 있는 그 방 내부를 지배한다. 심지어 "그 빨강색의 그림자는 기묘해 보여요"와 같은 어처구니없는 통찰력을 만들어내기도 한다. 그리고 많은 고객들이 그런 심리학적 역할극을 느끼는 동안에는, 부정적인 피드백을 무시하기가 어렵다. 표적집단의 발언 후에 그런

"기묘한" 그림자를 가진 빨간색을 계속 좋아하는 건 매우 용감한 행동이 될 수밖에 없다.

그리고 물론, 실제 삶에서는 누군가가 어떤 단체들에 어울리지 않는다 하더라도, 자신의 감정을 정직히 드러내는 것을 두려워하지 않는 태도가 결국에는 진정으로 존중받을 것이라는 것을 우리 모두는 알고 있다. 그런 용기는 귀한 것이다. 연극 '12인의 성난 사람들'을 보라. 그것에 대한 완벽한 표현이다.

시대의 우상이 된 잡지 '에스콰이어'의 표지로 유명해진 전설적인 예술감독 조지 로이스는 이런 유명한 말을 남겼다. "위대한 아이디어는 검증이 필요 없다. 그저 그런 아이디어들만 검증이 필요할 뿐이다." 우리 중 대부분은 혁신적인 창작품에(혹은, 심지어 평범하고 오래된 창작품에) 반응할 만한 사고체계를 가지고 있지 않기 때문이다. 표적집단은 오로지 그들이 이미 편안하게 느끼거나 우리가 흔히 말하는 '좋다'라고 이해하는 것들에 관해서만 평가를 내린다. 그러나 좋은 디자인이

란 특정 고객의 필요성에 맞춘 구별되고 구체적인 면모를 갖추고 있어야 한다. 애플사가 표적집단을 통해 제품의 포장법에 대해 들었을 법한 충고를 상상해보라. "여백이 너무 많은 것이 확실해요." 혹은 "당신은 내가 무엇을 구입하는지 알 수 있도록 바깥쪽에도 그림을 넣어야만 해요." 그렇게 하는 대신, 애플사는 아이폰 1세대의 포장을 뜯을 때에 마치 그동안 세상에 존재하지 않았던 아름다운 물체를 발견하는 기분이 들도록 만들었다. 그런 기쁨의 경험은 단순히 '시험'을 거쳐서 적절히 평가되는 성질의 것이 아니다. 표적집단의 의견을 수렴하는 행동은 상상력이 풍부한 해결책, 혹은 아직은 미개척된 디자인에 대해 혁신을 이뤄낼 만한 여지를 남겨놓지 않는다.

만약, 당신이 표적집단을 이용하는 콘셉트를 고집하려 한다면, 그 집단의 대표로 하여금 모임의 대화를 일반화의 오류에 빠뜨리지 않도록 진행하게 하라. 가급적이면, 디자인을 가지기 전에 직접 표적집단을 운영하는 것이 더 좋다. 대중들은 당신의 회사나 제품에 대해 혹은 경쟁자에 대해 어떻게 생각하는지, 무엇이 궁금한지를 알아보기 위해서 말이다. 이미 형성된 사용자의 신념은 창의적 작업의 브리프에 도움을 줄 뿐이지, 창의적인 해결책에 도움을 주는 것이 아니다.

열두 개의 출판사들이(당신이 일반적으로 가질 수 있는 표적집단의 크기이다.) 『해리포터와 마법사의 돌』의 출판을 거절했다. 확실히 부분적으로는 그동안 출판되었던 아이들 서적과는 판이하게 달랐기 때문이다. 결국, 그 기회를 잡은 비전이 있던 사람은(방 안에 가득한 무작위의 사람들의 만장일치에 근거하려 하기보다는 독립적으로 저자의 아이디어를 심사숙고했던 열세 번째 출판사 말이다.) 한 여인의 기막힌 아이디어를 세계적인 열풍으로 만들었다.

49.
데이터가
당신을 결정하게
하지 말라.

Dear Client:
This Book Will Teach
You How to Get What You Want
From Creative People

우리가 현재 접근 가능한 자료(데이터)는 정말 멋지다. 그러나 우리는 그것의 노예가 되지는 않아야 한다. 성공적인 사업들은 데이터만 가지고 운영될 수 없다. 성공적인 사업들은 절대 데이터를 쫓아가지 않는다. 그러나 브리프를 만드는 데 있어서 데이터로 창의성을 판단하거나 혹은 데이터의 노예가 되는 것은 더욱더 터무니없는 짓이다.

데이터에는 측정이 아직 되지 않은 꿈속의 모습을 위한 공간이 없다. 그것은 상상력과 기쁨과 그것들이 하는 역할에 대한 기대치를 없애 버린다.

몇몇 결정권자들은 A/B 테스트를 가지고 창의적인 논쟁을 종결짓기를 좋아한다. 그렇게 하는 것이 그들 스스로 어려운 선택을 내릴 때의 책임감으로부터 부담감을 줄여주기 때문이다. 그러나 그런 방법은 그들이 결정을 내리게 하는 깨달음의 대화도 놓쳐 버리게 만들고, 그런 대화로부터 배운 것들을 현재에서뿐만 아니라 거리에서도 쓸모없게 만들어 버린다. 그건 그들의 손해이다. 나의 손해는 A/B 테스트는 시간을 공들여 만든 작품의 잊을 수 없는 순간을 무심코 지나친다는 것이다.

더 나쁘게도, 데이터는 가장 측정되지 않은 가치 있는 것, '비전(Vision)'을 위한 여지를 주지 않는다는 것이다. 만약 창의성이 습관을 이긴다면, 데이터 테스트는 그것을 강화시킨다는 점이다. 사람들은 그들이 전부터 봐온 것들에 더 편안함을 느끼기 때문에, 익숙한 것에 반응하려는 경향이 있다. 그러나 익숙한 것들은 마법의 힘이 없다. 그것은 이미 알려지고 예측 가능한 것이고, 데이터에 의해 (그렇다) 측정된 것들이다. 그러나 추측컨대 사람들은 이것의 긴 그물에 걸려 있는 중이고 자신의 브랜드를 다르게 만들어 보기를 원한다(혹은 필요를 느낀다.). 물론, 매도하려고 하는 말은 아니다. A/B 테스트가 창의성의 임팩트와 가능성을 평가하기에는 끔찍한 방법이라고 말하는 것이다.

50.
거만함이 아닌
자신감을 가져라

Dear Client:
This Book Will Teach
You How To Get What You Want
from Creative People.

자신감은 아름다운 것이다. 그것은 당신이 누구인지, 무엇을 하는지, 그리고 (가장 중요하게도) 무엇을 모르는지에 대해서 당신이 아는 현실에 근거하고 있다. 자신감을 가지고 있는 사람은 모든 이들에게 최선의 것을 이끌어낸다. 자신감 있는 사람에게서 칭찬을 들으면, 당신은 그 칭찬을 더 듣기 위해 열심히 일한다. 자신감 있는 사람으로부터 비판을 받는다면, 당신은 매우 심각하게 받아들일 것이다. 그만한 이유가 분명히 있을 것이라고 생각하기 때문이다.

반면에, 거만함은 창의적 작업자로부터 원하는 것을 거의 얻어내지 못하게 만든다. 그것이 불확실성과 공포에 근거하고 있기 때문이고, 둘 다 상황을 끔찍하게 만든다. 당신이 모든 것을 알고 있으며, 나머지 모든 사람들은 당신보다 열등하다는 인상을 주고 싶다면 당신은 (무의식적으로?) 다른 사람들을 깔볼 필요가 있다. 하지만 그런 방식으로는 아무 일도 이루어지지 않는다. 창의적 작업자들이 거만한 사람과 일하게 되면, 그들이 노력하게 만들기는커녕 주춤하게 만든다. 5살이건 50살이건, **어느 누구도 고함소리를 듣거나 비꼬는 것을 당하고 싶어 하지 않는다.**

거만한 사람과 있으면, 우리는 그러려니 하면서 칭찬이든 비판이든 무시하려는 경향이 생긴다. 우리는 사업상 최선을 다해 헤쳐나가거나 우회하려고 할 것이다. 거만함은 훌륭한 협업을, 혹은 (무엇보다) 훌륭한 작품을 만들어내지 않는다. 나라면 두 가지를 생각해볼 것 같다. 하나는 자기 의심이다. 스스로에게 질문하라. 어쩌면 다른 사람들의 생각을 대해 궁금해하고, 귀를 기울이고, 호기심을 가지면서 새로운 것을 배울 수도 있다. 다른 하나는 동정심이다. 우리가 어떻게 느끼는지 / 우리가 무엇을 생각하는지 상상해보라. 이것은 모든 상황에서 놀랍도록 효과적이다.

51.
선택적 전투

Dear Client:
This Book Will Teach
You How to Get What You Want
from Creative People

타협(사랑스럽고 우아한 관계의 수호자), 이란 얼마나 값진 것인가? 특히 우리가 그것을 '굴복'이라고 여기기보다는, 우리에게도(우리의 파트너에게도) 별로 중요하지 않은 것을 용납하는 것이라고 생각한다면 말이다(당신이 그러하다면 모든 것이 편할 텐데.).

오해하지 않기를 바란다. 나는 당신이 중요하다고 여기는 것에 대한 고집을 단념하라는 것이 아니다. 그러나 우리가 목록이 길게 늘어선 문제들을 다루고 있고, 당신의 디자인 파트너가 두 가지 정도에 관해 매우 강한 자신감을 보인다면, 이 두 가지 중에 하나를 의미한다.

1. 우리가 굉장히 옳은 것일 수 있다. 어쨌거나 우리가 이 분야의 전문가이니까.
2. 아주 가끔 우리의 뜻대로 진행하게 해준다면 우리는 더없이 행복할 것이다.

만족감을 느끼는 디자인 파트너는 당신이 가장 강하게 느끼는 변화

에 대해 최선의 해결책을 찾은 것과 같다고 보면 된다. '윈-윈'인 셈이다(대립, 경쟁하는 쌍방이 모두 이익을 얻고 함께 승리하는 것). 마치 당신들이 세상에서 제일 중요한 두 사람인 것처럼 말이다. 왜냐면 그때만큼은 당신들이 제일 중요한 사람이었을 수도 있다.

52.
격려의 힘

Dear Client:

작은 사랑의 힘은 멀리까지 갈 수 있다. 당신의 목표가 최상의 결과를 얻는 데에 있다면 말이다. 격려의 힘은 아무리 강조해도 지나치지 않는다. 창의적 두뇌들은 심리적 보상에 의해 번영한다. 그래서 나는 좋을 때나 나쁠 때나 당신이 이 조언을 마음에 새겼으면 한다.

창의적 프로젝트를 일정 기간 하다 보면 우리의 작품을 극찬하고 우리의 수고를 알아주는 무작위 이메일을 받을 광범위한 기회가 생긴다. 마른하늘에 단비와 같은 이런 메시지는 우리의 발걸음을 가볍게 하고 또 다른 하룻밤을 지새울 힘을 준다. 그렇다고 비용이 드는 것도 아니다.

이런 방법은 일이 잘 풀리지 않을 때에는 어렵게 느껴질 수도 있다. 그러나 그럴 때조차, 의외로 당근은 채찍보다 더 효과적이다.

어려운 분위기로 진행된 첫 발표 제안에 서로 다른 반응을 보였다고 가정해보자. 소통이 잘못된 것일 수도, 오해 때문이었을 수도 있다. 디자인 작업자는 기차를 1킬로미터나 놓쳐 버렸다. 한 고객은 낙담시켰고, 다른 한 명은 격려했다. 나는 이 두 가지를 모두 경험해봤다.

고객 1

"이제 보니 당신 회사를 고른 것이 실수였다는 생각이 드는 군요. 우리는 정말 실망했어요. 계약은 계약이니, 한 번 더 시도할 기회를 주어야겠네요. 하지만 별로 기대감이 생기지는 않네요."

고객 2

"분명히, 잘못된 방향으로 간 것 같아요. 그러나 우리는 여전히 당신이 해낼 거라고 믿어요. 우리는 당신이 그동안 해온 다른 작품들의 팬이에요. 우리가 그동안 대화 나누었던 것들을 다시 심사숙고 해주세요."

창의적 작업자를 꾸짖는 것은 아무 쓸모없는 행동이다. 딱히 그 고객은 두 번째 실패로부터 얻을 것이 없기 때문이다.

그러나 대개의 경우 그럴 수밖에 없다. 내가 조심스럽게 말했듯이, 우리를 믿지 않는 고객에게 우리의 열정과 영혼을 주는 것은 너무 어려운 일이다.

나는 거짓 칭찬을 추천하는 것이 아니다. 만일, 당신이 우리에게 해줄 수 있는 것이 그것밖에 없다면, 커피나 독한 음료를 앞에 두고 자리에 앉아 어떻게 하면 협업을 제자리로 돌려놓을 수 있을지 고민해보라.

한 동료 그래픽 디자이너가 최근에 페이스북(Facebook)에 이런 말을 한마디를 남겼다. "당신의 감사 카드 덕에 일할 맛이 납니다."

나는 그가 혼자가 아니라고 생각한다.

53.
모든 것은
감성에 달려 있다는 것을
받아들여라

Dear Client:

This Book Will Teach
You How to Get What You Want
from Creative People

사람들은 그들이 직장에 있을 때, 집에 있을 때나 친구들과 있을 때와 다르게 행동한다. 좀 더 절제되고, 좀 더 '전문적'이다(쉬운 말로, 덜 인간적이다.). 그러나 그들의 감정은 여전히 표면 밑에 가라앉아 한구석에 존재한다.

비전문직인에게는 다소 신비스러워 보이는 일들을 전문으로 하는 디자이너에게는 이런 경향이 더더욱 강하다.

감정이 창의적 작업 과정과 고객의 활력의 정상적인 부분이라는 것을 인식하고 받아들이는 것은 협업에 있어서 모두를 돕는 일이다.

이런 종류의 작업은 우리의 생각 속 내부 동작을 공유하는 것을 필요로 한다. 그런 것들을 잘한다는 것은 우리가 당신의 청중과 감정적으로 연결되어 있다는 뜻이다. 그리고 우리의 감정적인 자아를 작품에 쏟아부었을 때에만 가능한 일이다. 그런 감정들이 때때로 범람하기도 한다. 특히, 작업이 잘되지 않아서 다시 시도하는 경우에 더더욱 그렇다. 우리의 전문적인 외적 인격은 냉철하고 침착함을 유지하려고 노력하겠지만, 그럴 때마다 우리의 또 다른 자아는(작품을 완벽하게 하고자 밤을 지새우는 자아는) 파괴되는 것이다. 우리는 감정적이 될 수 있다. 우리는 심지어 울 수도 있다. 그리고 괜찮다. 그것이 우리의 작업 과정의 일부분이다.

당신도 이런 프로젝트에서 감정적이고 불확실한 당신 자신을 발견할지도 모른다. 창의적 작업은 비전문 직종인들에게는 명확하지 않고 혼동하기 쉽게 보일 수 있다. 특히, 우리가 대중들에게 공개될 당신 사업의 일부분의 형체를 만들어 갈 때는 말이다. 세상에는 당신이 모르는 영역이 있다. 그리고 그것은 당신 스스로가 풀 수 없는 문제가 된다. 고객들은 특히 작업이 잘 진행되지 않거나 그들의 일이 제때에 이뤄지지 않는다고 그들이 느낄 때에, 다른 협업자들에 비해 우리에게 더 화를 낼 것이다. 그리고 그것 역시 괜찮다. 작업 과정의 일부분이니까.

54.
생각을
말하라

Dear Client:

언젠가 누군가 말하기를, 디자이너의 작품은 그녀가 그녀의 고객과 불편한 대화를 기꺼이 나눈 횟수만큼 훌륭해진다고 했다. 긍정적인 작업 결과는 다양한 주제를(기대치, 예산, 마감 기한) 내포한 성공적인 항해에 달려 있다고 말할 수 있다. 그리고 그것들을 망가뜨리는 것은 양쪽 모두에게 꽤나 뼈아픈 행동이다.

따라서 우리와 마찬가지로 당신도 대화에 헌신적일 필요가 있다.

오해, 염려, 실수 그 외의 다른 모든 인간적인 문제들을 이야기하는 것은 무기력해지는 것과 감정적인 어색함을 쫓아내버리는 데 큰 도움이 된다. 오히려 말하지 않는 것이 문제를 더 심각하게 만드는 것이다.

그러니 대결 구도를 만들 것이 아니라 대화를 많이 하라는 것이다.

그렇다. 당신이 수정을 요구했을 때, 당신이 비용을 지불하는 사람이 작업을 거부하는 경우 좌절감을 느낄 수 있다. 그러나 당신이 우리로 하여금 우리의 관점에 대해 설명할 기회를 주지 않는다면, 당신이 어떻게 우리를 설득하겠는가? 이는 반대의 상황일 때에도 마찬가지일 것이다.

따라서 어렵지만 정직한 대화를 가지도록 하라. 감정을 배제하지 마라(No. 53, 모든 것은 감성에 달려 있다는 것을 받아들여라 참고). 그리고, 공포를 키우는 것을 두려워하지 말라. 말하는 것은 감정적 곤경, 스트레스, 그리고 좌절을 완화시키고 제거한다. 그리고 내가 말하는 '대화'는, 정말 말 그대로 대화를 의미하는 것이다. 중요한 문제를 이메일로 대신하려고 하지 말라. 글로 쓴 메시지의 어투는 빈번하게 오역되며, 일단 그 피해가 발생되고 나면 (의도적이든 아니든) 복구가 어려워질 것이다. 그리고 절대로, 절대로 이메일로 다툼을 시작하지 말라. 그건 마치 누군가와의 작별 인사를 포스트잇으로 하는 것과 같은 것이다. 당신이 진짜 사람과 진짜 대화하는 것을 중요하게 생각하고 있음을 보여주어라. 눈알을 굴리거나 책상을 내리치거나, 전화를 끊어 버리는 것 말고 말이다.

어떤 사람들은 만약 그들이 사실대로 말하는 것을 보류하면 우리의 기분을 살려줄 수 있을 것이라 생각한다. 그러나 당신의 기분이 어떤지 스스로 안다면, 재빨리 반창코를 떼어내야 한다. 그것이 시간을 절약하고 우리의 관계를 강화시켜줄 것이다. 누군가에게 당신이 어떻게 느끼는지를 말하는 것은 두려운 일이 될 수도 있겠지만, 디자인 작업자가 당신의 기분을 이미 알고 있을 수도 있다는 점에서 안심해도 된다. 우리는 언제나 당신과 당신의 감정을 읽기 때문이다. 아마도 우리에게 가장 큰 놀라움은 당신이 기꺼이 그 감정을 이야기하려는 태도일 것이다. 일단 당신이 연약한 부분을 드러낸다면(우리가 '모셔야 할' 넥타이를 맨 사람이 아닌, 우리가 '함께' 프로젝트를 작업 중인 동료라는 일반적인 조건이라면) 약속컨대, 그 결과는 언제나 나아질 것이다.

이것이 관계이다. 기꺼이 해볼 만한 것이다.

55.
창의적 작업자에게
성내지 말라

Dear Client:

This Book Will Teach
You How to Get What You Want
from Creative People

이 말이 좀 웃기게 들릴 수도 있다. 그러나 창의적인 작업에서 그들의 영역을 표시하는 고객의 요구는 필요 이상으로 자주 일어난다(가능하다면 전혀 없는 것이 좋다.). 이런 일이 우리가 "단지 ~때문에"라는 제목 밑으로 이어지는 작은 수정 요청, 혹은 모든 것에 영향을 끼치는 큰 수정 작업을 요청받는 이유이다. 내가 볼 때는, 이러한 본능은 고객의 (무의식적?) 소망으로부터 오는 것 같다. 그들도 이 창의적 작업의 완벽한 일부분이라고 느끼고 싶은(그들의 영역을 표시하고 싶은) 소망 말이다. 그러나 정말 납득하기 어려운 것은 그 고객은 이미 엄청난 방법으로 그 작품에 표시를 해두었다는 사실이다. 하지만 솔직히 고객이 없이는 프로젝트 자체가 존재하지 못했을 것이다. 그러므로 이런 단계는 불필요한 것이다.

당신의 자부심이 통제된 상태인지 확실히 알기를 바란다. 그렇게 하는 것이 작품을 더 낫게 만드는 것이 확실한가? 만약 그렇다면, 좋다! 그것이 우리 모두가 원한 것이다. 만약 당신이 당신의 권위를 세우려고 한다는 재밌는 생각이 든다면,

그때는 심호흡을 하고 당신은 이미 그 권위를 가지고 있다는 것을 깨닫기를 바란다. 그것을 여기서 세울 필요가 없다. 당신은 고객이니까.

여기에 참고할 만한 몇 개의 중요한 적신호가 있다.

이 작업 수정은 사소하고 그 작업에 별로 영향을 주지 않지만, 어쨌건 당신은 그것을 원한다.

그것은 우리가 모든 중요한 결정들을 다 작업한 후에, 하지만 당신이 비용변화를 초래하기 전에 생긴 것이다.

당신은 대화에 참여하고 있다기보다는 명령을 내리고 있는 것이다.

만약 당신이 여전히 작업 수정이 필요하다고 믿는다면, 우리가 바라는 것은 단지 당신이 대화와 협의를 하기 위해 우리에게 전화를 하는 것이다. 당신의 이유를 설명하고 우리로 하여금 그 제안을 고려해보도록 해주는 것이다. 결론적으로, 그것이 최후의 훌륭한 수정으로 판명될지도 모른다.

56.
1초 만에
되는 일은 없다

Dear Client:

This Job Will Teach
You How to Get What You Want
from Creative People

고객들은 가끔 우리에게 "1초밖에 안 걸릴" 수정을 요청하거나 어떤 방향으로 탐험해 볼 것을 요구한다. 하지만 우리에게는 독심술이 없다. 따라서 우리는 정말 그들이 전등 스위치를 켜는 것만큼이나 간단한 것을 요구한다고 믿는지, 혹은 그들이 추가 작업을 작게 보이게 하여 부가 과징금처럼 못 느껴지게 하려는지, 혹은 진짜로 "나는 당신이 추가로 일을 했으면 해요. 그러나 비용이 더 들어야 한다고 생각하지는 않아요."라고 말하는 것인지 확실히는 모른다.

그러나 그 실제 의도가 무엇이든지, 내가 여기서 당신에게 말할 수 있는 것은 어떤 것도 1초 만에 되는 것은 없다는 것이다. **그런 요청을 받을 때, 우리는 우리의 시간과 가치를 최악으로 무시하는 감정을 느낀다.**

당신이 생각하는 그 수정 작업은 시간이 전혀 들지 않을까? 미안하게도, 그렇지 않을 것이다. 모든 것은 시간이 필요하다. 그것을 알고 존중하는 것은 엄청난 차이를 만들어 낼 것이다.

스스로에게 이렇게 물어보라. 만약 그 수정 작업이 1초만 소요된다면 얼마나 좋은 결과를 낼 수 있을까? 당연하게도, 그것은 우리에게 어떤 생각을 넣을 만한 시간을 주지 않을 것이다. 어떤 특정한 변화가 그 전체 프로젝트의 통일성에 영향을 끼칠지에 대한 생각 말이다. 당신은 그렇게 되기를 원치 않을 것이다. 아니, 그렇게 되기를 원치 않아야 한다.

언젠가 한 고객이 우리에게 1초밖에 걸리지 않을 거라고 제안하면서, 디자인 설계 중에서 몇 개의 이미지를 수정해줄 것을 요청한 적이 있다. 그러나 여러 가지 요소로 이루어진 전체 작품은 그 작품을 이루는 몇 개의 이미지를 바꿈으로써 사라져 버리고 말았다. 색깔 vs. 흑백, 페이지 균형, 주제의 다양성 등등. 우리는 또한 특정 사진들을 뒷받침하기 위해 서체를 디자인했다. 몇몇 경우에는, 바꿔 넣은 사진들이 글씨체와 부딪힌다. 우리는 작업 수정을 해냈다(우리는 그 고객의 말을 들어주었다.). 그러나 그 새로운 사진들을 옳게 보이게 하기 위해서 1초보다 훨씬 긴 시간이 소요되었다.

이것도 역시 쌍방향 소통이다. 우리는 각각의 업무가 주어질 때마다 얼마나 많은 시간이 드는지 당신이 이해해주기를 바란다. 그리고 우리는 그 반복적인 업무를 고려하기에 충분한 시간을 당신에게 줄 것이다. 당신이 나중에 우리로 요청하여 고칠 필요가 있는 과거의 실수를 재촉하는 것은 우리에게 도움이 안 된다. 그러니 시간적 여유를 가지고 진행하라.
적어도 1초 이상은.

57.
우리가 변화를 만드는 동안
동석해도 될지 묻지 말라

Dear Client:

나는 당신에게 우리가 정중하게 안 된다고 대답할 것이라고 확실히 말할 수 있다(어쩔 때에는 그리 정중하지 못할 수도 있다.).

당신이 책상에 앉아 리포트를 쓰는 동안, 만약 누군가가 당신 뒤에 앉아서 '도움이 될 만한' 제안이라며 지정된 시간마다 종을 울린다면 당신이 결코 좋아할 리가 없다. 우리도 마찬가지이다.

일반적으로 고객들은 이와 같은 상황을 시간을 아끼는 것이라고 주장한다. "우리가 왔다 갔다 하는 시간을 없앨 수 있을 거예요." 하지만 우리의 일을 잘 해내기 위한 우리의 능력 또한 없어지게 될 것이다. 그것은 종종 협업의 아름다운 결과들이 나오기 전에 수백 개의 못난 어려움을 만들어낸다.

당신은 어떻게 소시지가 만들어지는지 그 과정을 보고 싶어 하지 않을 것이다. 그러나 우리의 작업 같은 경우, 당신은 절대 그렇게 할 수도 없다. 정말로 짜릿한 순간은 어쨌거나 우리의 머릿속 생각에서 종종 발생하기 때문이다. 그저 앉아서 한동안 작품을 바라보고, 그것에 대해 생각하는 데에 시간을 쓰게 되며, 그러는 동안에는 아무 동작도 눈에 보이지 않는다.

이것을 개인적인 감정으로 받아들이지 말라. 디자이너들은 작업 중에 그들의 예술 감독들이 옆에 앉아 있는 것조차 좋아하지 않을 것이다. '곁을 맴도는 예술 감독들'이라는 사진 블로그가 있다. 디자이너 뒤에 예술 감독들이 서서, 그들을 지켜보는 동안 그들에게 이래라 저래라 하는 삶의 끔찍한 순간을 그리고 있다. 누군가가 무엇을 '창조해내라고' 압력을 넣는다면, 아무도 자신만의 창의적인 생각을 발휘할 수 없을 것이다. 아무도!

58.
잠수 타지 말라

Dear Client:

This Book Will Teach
You How To Get What You Want
from Creative People

모든 계약서에는 모든 사람들이 그 프로젝트의 각 부분들이 얼마나 시간을 걸리는지 알기 위해 일정이 포함되어 있어야 한다. 혹시 그 작업 과정이 약간 예상을 벗어나 있다 해도 괜찮다. 그 일정은 단지 참고 사항일 뿐이다. 우리가 작업 시간의 틀이 바뀌는 것에 대해 협의만 한다면, 모든 것들은 매끄럽게 이어질 것이다.

하지만 만약 그런 협의가 이루어지지 않는다면 (만약 소통이 멈추거나 이유 없이 늘어져 버린다면), 모든 것이 수포로 돌아간다.

창의적인 전문직 사람들은(대부분의 사람들도 마찬가지겠지만, 특히 프리랜서라면) 동의된 일정에 맞춰 그들의 작업 흐름을 배분한다. 그 일정이 본래의 선로를 탈선하게 되면 우리가 해야 할 다른 프로젝트들을 위한 계획을 어렵게 만들어 버린다. 사실, 우리는 동의된 일정에 따라 작업을 하기 위해 하던 일을 그만둘 수도 있다. 당신이 그 일정을 무시한다면, 우리 협업 계약을 존중하지 않는 것과 같은 것이다. 당신이 결국 우리를 다시 부르게 되었을 때, 우리가 과연 열정적으로 제자리로 다시 돌아올 것이라고 생각하는가? 더 중요한 핵심은, 우리가 일정대로 작업하게 될지, 못하게 될지 누가 장담할 수 있겠는가?

　소통의 부재는 또한 그 작업 과정으로부터 그 운동성을 앗아가 버린다. 작업이 불확실한 보류에 놓여 있게 된 후, 그것이 프로젝트의 특유의 리듬으로 다시 돌아가려면 시간이 걸린다. 거기에는 감정적인 희생도 뒤따른다. 우리가 당신으로부터 아무것도 듣지 못하게 되는 것은 마치 작업장에서 벗어나 있는 것과 비슷하다. 우리는 작업을 제대로 하기 위해 열심히 일했다. 당연히 당신이 어떻게 생각하는지 들어보고 싶어 할 것이다. 그러나 만약 당신이 적절한 시간 간격 안에 우리에게 돌아오지 않는다면, 당신은 우리가 애정을 가지는 만큼 그 작품에 대해서 관심을 가지고 있지 않다고 말하는 것과 다를 바 없다.

　우리는 많은 것을 요구하는 것이 아니다. 그저 설명이 들어

있는 간단한 한 문장의 이메일이라도 충분할 것이다. "미안해
요. 그러나 우리는 사실 모든 것들을 재평가하기 위해 두 달
정도 필요하게 될 것 같아요. 따라서 우리는 5월 20일쯤, 그
주에 당신에게 다시 연락할 것입니다." 또 하나의 완벽한 좋
은 답변도 있다. "우리는 그 이메일을 받았지만, 주말까지는
그것을 들여다볼 기회가 없을 것 같아요."

여기 좀 더 쉬운 예가 있다. "고마워요." 우리에게 필요한
것은 당신이 우리가 보낸 것을 실제로 받았는지 알려주는 것
이면 충분하다. 수고에 대한 간단한 감사는 당신의 생각하는
것보다 훨씬 가치가 있다. 고객에게 그녀가 우리가 한 주 전
에 보낸 것들을 받았는지 글을 써서 물어봐야 하는 것은 사람
을 미치게 만드는 일이다.

나쁜 일들은 생길 수 있다. 우리도 이해한다. 그러나 **빠른** 이메일
하나를 보내는 행동은 진행 중인 관계에 있어서 거대한 차이
를 만들어낼 수 있다.

59.
만약
그런 식으로는
일이 되지 않는다면

Dear Client:

This Book Will Teach
You How to Get What You Want
from Creative People

당신은 이 작업을 해내고자 노력하고 있고, 당신이 고용한 디자이너는 분명 재능이 있다. 하지만, 작업이 왠지 잘 이루어지지 않는다. 어쩌면 대화가 생산적이지 않을 수 있다. 혹은 그 디자이너가 제때에 충분한 방식으로 반응하지 않는 것일 수도 있다. 어쩌면 당신은 그 디자인 팀의 어린 친구들하고만 얘기를 나눈 것일 수도 있다. 혹은 어쩌면 그 작업 자체가 단지 형편없었을 수도 있다. 당신이 그들과 전화 통화하는 것을 두려워하기 시작했을 수도 있다. 어쩌면 그 프로젝트의 기본적인 방향에 대해 자신감을 잃었을 수도 있다.

이런 것들이 모두 그만두기에 좋은 이유가 된다. 그러나 당신이 포기하기 전에 다음과 같이 해보기를 추천한다.

한 번 더 깊게 대화를 해보라. 당연한 말이지만 당신이 어떻게 느끼는지 솔직하게 디자이너에게 말해야 한다. 그러나 그들의 입장에 서서 동정심을 가지고 말해야 하며, 더 좋은 방법을 찾기 위한 정직한 바람으로 말해야 한다. 그들에게 어쩌면 정당하고 해결 가능한 불만이 있었을 수도 있다. 내가 전에 언급했듯이, 좋은 디자이너는 그녀가 기꺼이 나누고자 했던 힘든 대화의 횟수에 따라 평가될 수 있다고 했다. 당신도 기꺼이 할 수 있어야만 한다.

거울을 들여다보라. 정직하라. 당신은 좋은 협업자였던 것이 확실한가? 당신이 이성적이지 못했던 가능성은 없는가? 당신이 너무 밀어붙이지는 않았는가? 인식하지 못한 채로, 당신은 고객보다는 디자인 작업자처럼 행동하기 시작했을 수도 있다.

접근 방식을 바꾸어보라. 나에게는 한때 나탈리라는 이름의 고객이 있었다. 그녀의 상관은 그녀에게 우리와 일하기를 강요했다. 그녀는 그것에 대해 불쾌해했고, 그녀가 나를 싫어한다는 것을 분명히 표현했다. 그렇기에 나 역시 그녀가 바로 싫어졌다. 하지만 어느 날 나는 실험을 해보기로 결심했다. 만약 내가 진정으로 노력한다면, 그녀가 나를 좋아하고, 나도 그녀를 좋아하게 만들 수 있지 않을까? 그래서 그녀와 전화로 통화하는 것을 두려워하지 않고, 우리의 관계를 바꿀 다른 기회로 삼기를 바라게 되었다. 나는 좀 더 주의 깊게 귀를 기울였다. 나는 그녀가 말한 어떤 것도 개인적인 감정으로 받아들이지 않았다. 나는 그녀의 아이디어와 접근법을 칭찬해 주었다. 그리고 그 방법은 효과가 있었다. 우리는 서로를 존중하게 되었고, 심지어 친하게 되었다. 그리고 그녀가 나를 좋아하게 되었기에, 그녀는 나를 신뢰하고, 우리의 협업은 성공적으로 끝낼 수 있었다. 그렇다. 그 과정은 노력을 필요로 했고, 약간 자존심이 상하기는 했지만, 노력할 만한 가치가 있는 것이었다(그녀는 후에 자진해서 다른 많은 프로젝트에 우리를 고용했다.). 그 후로, 나는 다른 이들에게도 '나탈리화' 전략을 적용해보았다. 어쩌면, 당신에게도 쓸 만한 전략이 될지 모른다.

물론, 당신은 당신이 할 수 있는 모든 것을 다 해봤음에도 불구하고 여전히 원하는 곳에 도달하지 못했을 수도 있다. 그런 경우에는, 망설이지 마라. 만약 당신이 불행하다면, 그 디자이너도 마찬가지일 확률이 높기 때문이다. 희망 사항이지만 당신이 최악을 상황을 대비해놓았고, '위약금'이 제자리에 있기를 바란다. 그렇지 않다면, 곧 계약을 파기할 협업자에게 전화 한 통으로 우호적인 동의를 이끌어내는 노력이 필요하다. 그 작업자는 근본적으로 당신에게 실패를 안겨주었다는 것을 명심해야 할 것이다. 당신은 그들이 당신을 위해 작업한 고용인들에게 비용을 지불했다는 것을 명심해야 한다. 당신이 수표를 가지고 있으니, 그 힘은 당신에게 있다. 괴로워하기보다는 공평하다고 여기는 것이 좋다. 작별의 기로에서는 쌍방 모두 동등하게 만족스러워야 한다(물론, 불쾌할 수도 있다.).

60.
창의적 작업자들이
찌질해질 때

Dear Client:
This Book Will Teach
You How to Get What You Want
from Creative People

이 책은 디자이너, 건축가, 작가, 그리고 그 밖의 창의적 작업자들에게 얼마나 특별한 주의가 필요한지, 그리고 최상의 결과를 얻기 위해서는 그들에게 무엇이 필요한지에 대해 설명하려고 만들어진 만큼, 나는 본인 스스로를 '예술가'로 여기는 창조적 작업자들에 대해서는 어떤 인내심도 가지지 말라고 말하고 싶다.

따라서 자신을 개성 강한 천재로 여기는 천재 병에는 걸려서는 안 된다.

나의 디자이너 동료 중 한 명은 사별한 파트너에 대한 시각적 회상을 포함해달라는 고객의 요청을 거절했다. 자신의 디자인에 어울리지 않는다는 것이 바로 그 이유였다.

나는 그 방법이 옳지 않은 방법이었다고 당신에게 말하기 위해 이 글을 쓰고 있다. 고객은 창조적 작업자를 함부로 대하지 않아야 하고, **작업자는 고객을 함부로 대하지 않아야 한다.** 그러나 이런 일은 일어날 수 있다. 창조적 작업자들도 인간이고, 그리고 어떤 인간은 못되었고, 치사하며, 독선적이다. 때로 그들은 단 하나의 해결책을 제시하면서, 당신이 받아들이기를 기대하기도 한다. 어쩔 때는 그들은 당신의 아이디어를 얕잡아보거나, 당신의 불확실성을 회피하거나, 작업을 수정하는 일을 거부하기도 한다. 심지어 어쩔 때는 물건을 던지기도 한다. 그 행동이 무엇이든 간에, 그들의 미성숙함을 한 번은 넘어가주기를 바란다(No. 17 보증인을 요청하라, 제발 좀! 참조). 인생은 참으로 짧다.

61.
나의 (혹은 당신의)
직원들에게
무례하지 말라

Dear Client:

They Won't Teach
You How to Get What You Want
from Creative People

이 말은 전문적이고 협업에 관해서 매우 중요한 것이지만, 사실은 당신이 유치원 시절에 배운 것 중 하나일 것이다. 다른 것들이 어떻게 (당신의 프로젝트에서, 당신의 사생활에서, 혹은 이 세상에서) 진행되든지 다른 이들을 대하는 당신의 태도를 스스로 통제할 줄 알아야 한다. 통제력을 사용하라.

고객들은 대개의 경우 팀의 고령 멤버에게는 무례하지 않으려고 노력하는 센스를 가지고 있다. 그러나 어린 사람들이 관련되면 너무나도 쉽게 그 품위 있는 행동이 창밖으로 날아가 버린다. 그들이 생각하기에 그 어린 작업자들이 그들을 위해서 일하기 때문이라고 여겨져서일 수도 있다. 하지만 그들은 고객을 위해서 일하는 것이 아니다(만약 그렇다고 해도 그들을 나쁘게 대하는 것이 절대로 괜찮을 수 없겠지만 말이다.). 그들은 우리를 위해 일하는 것이다. 그리고 우리가 당신을 위해 일하는 것이다. 그들이 일을 망치면 우리는 그들을 해고할 수 있다. 당신에게는 그럴 권한이 없다.

내가 아는 한 사립학교 교장은 입학을 희망하는 학생의 부모가 지원서를 위해 전화를 했을 때, 반드시 그녀 스스로 그 전화를 응대한다. 다만, 자신이 누군지 밝히지 않는다. 전화를 건 사람으로 하여금 그녀가 안내원인 것처럼 여기기를 원하기 때문이다. 그녀는 전화를 건 사람들이 좋은 인상을 줄 필요가 없다고 생각되는 사람에게, 혹은 자신이 더 우월하다고 생각할 수 있는 사람에게 어떻게 행동하는지 보기를 원한다. 그녀는 나무로부터 도토리들이 얼마나 멀리까지 떨어지는지 알지 못한다. 그러나 대화가 끝나고 나면, 그 나무가 어떤 종류의 가치를 가지고 있는지에 대해서는 잘 알 수 있는 것이다.

우리는 우리 앞에서 그들의 고용인들을 호되게 꾸짖는 고객에 대해서도 같은 인상을 받는다. 우리는 힘을 가지고 군림하려는 독불장군 같은 리더들에게서 감동을 받지 않는다. 그런 일은 그들을 리더로서 자격을 덜 갖춘 사람들로 보이게끔 만들고 그들에게 향한 존경심을 덜 생기게 만든다. 그리고 결과적으로 잔잔하지만 끔찍한 효과를 가져온다.

아무도 **독불장군을 좋아하지 않는다.** 그리고 우리로 하여금 당신을 덜 존중하게 만들므로, 우리가 당신을 위해 추가적인 수고를 할 마음이 생길 리가 없다. 우리는 그 정보를 잘 쌓아두고 언젠가는 우리에게도 그런 분노가 미칠 수도 있다는 것을 기억할 것이다.

우리가 당신을 위해 일하기로 결정했다면 그것으로 그만이다. 어떤 사람들은 초기 작업 과정부터 너무 밉상이어서 그들이 고객이 될 가능성이 전혀 없다. 마치 나의 파트너와 내가 한때 디자인 작업을 했었던 음반회사의 전무와 비슷했다. 우리는 우리의 미니어처 포트폴리오를 (정말 오래전에는 그렇게 작업했다.) 사무실에 있던 한 남자에게 보여주던 중이었다. 그때, 그의 (거대한) 휴대폰이 울렸다. 그는 그 전화를 받아야만 한다고 말하면서, 본인이 스스로를 양해해주었다. 불쾌했지만, 있을 수 있는 일이다. 그가 나가면서 문을 닫기 전에 우리에게 몸을 돌려 말했다. "계속하세요."

뭐라고? 우리는 당신에게 말하고 있었다고! 이 방 안에는 우리 외에 아무도 없어요! 누구를 위해 계속하지요?

　바로 그 순간에 우리는 그를 위해서 절대 일하지 않게 되리라는 것을 알았다. 그는 스스로 우리가 하는 일을 이해하지도, 이해하려 하지도 않았다는 것을 밝힌 셈이었다. 때때로 나는 그가 방으로 돌아왔을 때, 그 발표 제안이 훌륭하게 진행되었으며, 그가 우리에게 프로젝트를 맡겼다고 그에게 말했다면 얼마나 웃겼을지 상상해본다.

62.
점심 회의 때에는
점심을 제공하라

Dear Client:

This Book Will Teach You How to Get What You Want from Creative People

모든 사람들이 수많은 회의(모임)를 가진다. 그리고 이것이야말로 미국의 가장 큰 문제점이라 할 수 있다. 그 사실을 부정하지는 않겠지만, 나는 지금 당장은 그 정도로 불평하지는 않을 것이다. 그러나 나는 우리가 꼭 참석해야만 하는 회의라면, 가능한 즐겁고 생산적인 것으로 만들어야 한다고 생각한다. 나는 공식적으로 이 간단한 요청을 제출한다. 당신이 사람들을 식사 시간에 모이도록 요청했다면, **먹을 것을 제공하라.**

방 안 가득한 사람들이 어떤 것을 성취하기에 충분할 만큼 집중하고 협동하는 것은 꽤 힘든 일이다. 배고픔과 그것에 상응하는 언짢음은 목표를 성취할 수 있는 확률을 현저하게 떨어뜨린다. 따라서 우리의 배 속과 당신의 프로젝트의 안위를 위해서, 우리가 오물거릴 무언가를 제공하라.

63.
전문 직종의
공공봉사에 대하여

Dear Client:

창의적 전문직에 종사하는 사람들은 공익을 위한 무료 봉사에 참가해줄 것을 자주 요청 받는다. 우리 대부분은 그런 프로젝트를 하는 것을 좋아한다. 우리가 사랑하는 일을 함으로써 변화를 만들어낼 기회이기 때문이다. 그리고 그만큼 중요한 이유라 할 수 있지만 이윤을 추구하지 않는 기관에 우리의 재능을 빌려주는 것이 어떤 면에서는 해방감을 준다. 그러나 만약 당신의 행동이 돈을 받지 않는 것에 대한 보상을 반영하지 않으면 그 기쁨은 잽싸게 사라진다. **공공봉사 프로젝트는 사업을 하는 일반적인 방법을 따라서는 안 된다.** 그것은 특별한 배려와 헤아림을 통해 이루어져야 한다. 예를 들자면, 여러 번의(때때로 제한이 없는) 반복이나 발표는 비용이 지불되는 창의적 작업에서는 일반적인 것이지만, 무료로 해주는 누군가한테는 그런 일들은 약간 과한 요구라 할 수 있다.

따라서 놀랍고 기쁨이 가득한 협업을 위해서는 이 책에 있는 참고 사항들을 충실히 따르는 것이 훨씬 더 중요할 것이다 (그렇다, 그 참고 사항들은 상업적 프로젝트에도 해당이 되지만, 이런 상황에서는 더더욱 중요하다.). 그리고 나는 당신에게 언제나, 어디서나 해당되는 것들을 조금 더 강조할 것이다(No. 64 완성될 때까지 믿음을 가져라 참고). 그리고 창의적 작업자들에게 작품의 샘플을 보내면서 그들도 그것을 자랑할 수 있게 할 것이다.

이런 종류의 마음을 가진다면, 모든 사람이 승리할 수 있다.

64.
완성될 때까지
믿음을 가져라

Dear Client:

This Book Will Teach
You How to Get What You Want
from Creative People

래전, 우리는 한 유명인의 프로젝트에 1년 동안 참가한 적이 있다. 그 프로젝트가 끝나자 그녀는 인터뷰를 통해 그녀 혼자서 디자인을 포함한 그 작업을 완성했다고 말했다. 말도 안 되는 일이지만, (그녀는 심지어 디자이너도 아니다.) 어쨌건 그녀는 그렇게 발표했다.

창의적 전문인들, 특히 디자이너와 광고문안가는 보이지 않는 파트너처럼 지내왔다. 기업들은 자랑스럽게 새로운 정체성을 발표한다. 비록 그것이 하늘에서 내려와 그들의 책상에 완전히 착륙한 것처럼 말하지만 말이다. 드물게 그들은 브랜드 리부트나 새로운 슬로건이 정점에 다다랐을 때에 디자인 전문인들과의 협업을 발표한다. 이것은 언제나 나에게 이상하게 느껴진다. 어떤 회사가, 만약 그 브랜드가 어떤 의미를 가지고 있다는 것뿐만 아니라, 그들의 고객에게 최선의 것을 만들어내기 위해 협업자들이 정말 멋지게 일해 주었다는 것을 얼마나 감사하게 생각하는지에 대해 언급한다면 얼마나 멋진 사례가 되겠는가? 그들은 그 대신에, 보이지 않는 디자이너 노선을 가면서 그것에 관해서 언급하려 하지 않는다.

추측하기로, 그들은 그 모든 작업이 회사 내부에서 진행된 것으로 보이기를 원하는 것 같다. 이해는 가지만, 만약 정말 내부적으로 진행된 일이라면 더더욱 이름을 밝힐 만한 일이라고 생각한다. 마치 작품의 총책임자를 알리듯 창의적 작품의 감독을 언급해야 한다. 당신의 고용인들에게도 알려야 할 또 하나의 이유가 있다. **그렇게 하는 것이 충성심을 이끌어낸다는 것이다.** 그들에게 감사하고 있다는 마음을 전달하는 효과가 있는 것이다. 다음 기회가 또 온다면, 그들은 더욱더 열심히 일할 것이고, 다른 창의적 작업자들도 그들의 재능을 인정해주는 회사에 마음이 끌리는 것은 당연한 이치이다.

나는 그 '유명인'에게 친절하게 이메일을 썼다. 우리가 같이 일하게 되어서 얼마나 좋았는지 언급하면서, 다음 기회에 그녀가 그 프로젝트에 대해 말하게 된다면, 우리도 그것을 위해 함께 일했다는 것을 말해달라고 보냈다. 불행히도 나는 답변을 듣지 못했다.

만약 당신이 '유명인'이 얼마나 나쁘게 행동할 수 있는지에 약간의 충격을 받았다면, 당신은 언제나 협업의 영예를 나누려고 했는지 되짚어보기를 바란다. 우리에게 일어났던 일만큼 눈에 띄거나 대중적인 누락은 흔히 일어나는 일은 아니다. 그러나 침묵하는 사람들은 당사자의 괴로움도 잊어버린다.

영예를 나누는 일은 당신이 성취한 일에서 어떤 것도 앗아가지 않는다. 만약 영예를 나눈 일이 조금이라도 있다면, 그것은 당신을 더 크고 나은 사람으로 보이게 할 것이다.* 공정하게 말해서, 생각보다 많은 고객들이 우리의 작품과 우리가 그것에 쏟은 노력을 감사해하며, 그들의 출판이 풀릴 때에 우리를 포함시킨다(물론 그렇게 하는 것이 그들을 고용을 잘하는 더 똑똑한 사람으로 보이게 만들었고, 그들에게 손해가 된 것도 없다.).

우리는 우리의 홈페이지에 링크를 걸거나, 혹은 우리가 도왔던 TV 쇼의 엔딩 크레딧에 우리 이름을 포함해주기를 바란다. 그렇게 하면 많은 사람들이 당신과 당신의 회사, 그 프로

---

* 바로 지금이 8½과 넘버17에서 일했던 모든 이들에게 내가 감사해야 할 최적의 타이밍이라고 생각된다.

젝트, 그리고 좋은 디자인에 대한 당신의 감사를 보게 될 것이기에 당신에게도 도움이 될 것이다.

어떤 회사들은 이런 일들을 억제시킬 뿐 아니라, 그들의 계약서를 통해 금지하기도 한다. 포춘 500대 기업들이 그렇다. 그들이야말로 이런 일에 앞장서야 한다고 믿는다. 다시 말하지만, 그들의 커튼 뒤에서 엘프 요정들이 실제로 작업하고 있는 일들을 아무도 엿보기를 원치 않기 때문인 것 같다. 문제는, 우리는 엘프 요정이 아니라는 것이다.

65.
이런 표현들은
쓰지 말 것

Dear Client:
This Book Will Teach
You How to Get What You Want
from Creative People

이와 같은 말들은 복잡한 개념들을 단순화시키기 위해 만들어진 것이다. 그러나 그들은 간단한 개념을 복잡하게 만들어 버리기도 한다. 나는 또한 사람들이 그들의 이해력 부족이나 불확실성을 감추기 위해 이런 종류의 허튼소리를 한다는 것을 발견했다. 그러니, 제발 이런 단어들을 쓰지 말라. 그들은 아무런 좋은 이유 없이 모든 것을 지나치게 형식적으로 만들거나 지나치게 복잡하게 만들 뿐이다.

분열이 문제가 된다

융통성 있는 하부조직

응급 시스템

재맥락화(재상황화)

패러다임의 변화

핵심 역량

데이터화

공동 작용하다

최적의 이점 연습

기모노를 열다(회사 회계 장부를 공개하다)

66.
이런 표현들을
사용하라

Dear Client:

This Book Will Teach
You How to Get What You Want
from Creative People

■ 부디

감사합니다.

둘이 조용히 얘기할 수 있을까요?

잘했어요.

와우!

당신의 팀이 우리를 위해 일해줘서 고마워요.

뭐 마실 것 좀 드릴까요?

이는 아름다운 협업의 시작이다.

DEAR
CLIENT,
감사의 말

이 책의 집필을 시작할 때부터 항상 믿어주었으며, 훌륭한 협업자이자, 고객이자, 친구이자, 편집자가 되어준 리아 로넨에게 감사를 표한다. 많은 것을 가능케 해주었던 나의 놀라운 에이전트, 리사 디모나에게 큰 감사를 전한다. 지혜와 통찰력, 기술들을 공유해준 게리 벨스키, 레슬리 코렌, 닐 파인에게 감사한다. 근래 여러 해 동안 현명한 조언자이자 친구가 되어준 앤 크리머에게 감사한다. 세스 고딘, 당신의 격려와 지지에 감사한다. 나의 사랑하는 친구들, 주디 골드버그, 페니 쉐인, 나의 자매들 레이나 다인, 노미 조이 파커, 그리고 나의 부모님, 헬렌과 스티브 시글러에게 감사한다. 그리고 나에게 개인적인 이야기들을 공유해준 나의 멋진 동료들, 숀 아담스, 키라 알렉산드라, 에릭 베이커, 스티븐 부처, 브라이언

콜린스, 스탠리 해인스워스, 알렉산더 이슬리, 제니퍼 몰라, 크리스틴 렌, 크리스토퍼 시몬스, 그리고 앤 월로비에게 감사한다. 18년간 나와 함께 해준 넘버 17의 나의 파트너에게 아주 특별한 감사를 전한다. 나를 참아주고 지속적인 지지와 사랑과 영감을 준 나의 멋진 남편 제프 셔와 나의 아이들, 버스터 셔와 오스카 셔에게 포옹과 키스를 전한다. 그리고 나의 모든 현재, 과거의 고객들에게 마지막 감사의 마음을 전한다. 한 사람, 한 사람 모두에게.

DEAR CLIENT,

저자에 대하여

'그래픽 디자인 USA'지에서 오늘날 가장 영향력 있는 50명의 디자이너 중 한 명으로 뽑힌 바니 시글러는 화려한 수상경력이 있는 디자인 스튜디오 8½의 설립자이자 운영자이다. 가장 잘 알려진 그녀의 디자인 작품은 SNL(토요일 밤 라이브 쇼), 크리테리온 콜렉션, HBO 방송사, 세스 마이어스의 Late Night, StoryCorps와 뉴스위크에서 볼 수 있다. 가장 최근에, 그녀는 트럼프 패러디 자서전 『You Can't Spell America Without Me』 by Alec Baldwin and Kurt Andersen의 디자인 디렉터였으며, 윌 & 그레이스의 메인 타이틀 시퀀스를 제작하였다. 그녀는 School of Visual Arts와 예일 대학교에서 학생들을 오랫동안 가르쳐왔으며, 매릴랜드 예술대학과 로드 아일랜드 디자인 스쿨의 워크샵을 진행했다.

DEAR CLIENT,

P.S.

적절한 팀을 고용하는 방법,

명료한 방향을 제시하는 법,

효율적인 피드백을 제공하는 법,

선택적 전투를 하는 법,

그리고 새로운 아이디어에 열려 있는 법,

당신이 좀 더 재미를 가질 수 있는 법,

시간과 돈을 아끼는 법,

당신이 원하는 결과를 얻는 법,

그리고 당신이 고민으로 인해 흰머리가 생기지 않도록 하는 방법을

이 책은 포함하고 있다.